Name ______________________ Datum ______________________

ERZÄHLEN – DER ZIRKUS IST IN DER STADT

Aufbau einer Geschichte

Im Deutschunterricht lesen Rami und Fiona eine Erzählung über zwei Kinder, die einen Zirkus besuchen. Im Kasten kannst du die Erzählung nachlesen. Darin erfährst du, was die beiden Kinder im Zirkus erleben und warum sie am Ende enttäuscht nach Hause gehen.

Der Zirkus ist in der Stadt!

Seit ein paar Tagen ist der Zirkus
in der Stadt.
Felix und Amira freuen sich
schon auf ihren Zirkusbesuch.
Am Freitag gehen sie endlich
zu der Wiese auf dem Schlossplatz.
Dort steht das Zirkuszelt.
Felix und Amira bezahlen den Eintritt und
setzen sich auf eine Sitzbank im Zirkuszelt.
In der Mitte des Zirkuszeltes ist die Manege.
In der Manege treten gleich die Akrobaten und Tiere auf.
Anfangs begrüßt der Zirkusdirektor alle Zirkusbesucher.
Felix und Amira sind schon ganz aufgeregt und
freuen sich auf die Vorführung.

Zunächst tritt eine Seiltänzerin auf.
In ihrer rechten Hand hält sie einen
Sonnenschirm, den sie hin- und herschwingt.
Nach der Seiltänzerin laufen die Pferde
durch die Manege und springen über
Trampoline.
Nun soll der Clown auftreten.
Doch die Manege bleibt leer.
Die Zuschauer wundern sich.
Wo hat sich der Clown nur versteckt?
Ob ihm etwas passiert ist?
Der Zirkusdirektor beendet die Vorführung.
Die Kinder gehen enttäuscht nach Hause.

Name ______________________ Datum ______________________

Aufbau einer Geschichte

Die Erzählung

Eine Erzählung besteht aus drei Teilen:

- In der **Einleitung** erfährst du, von wem die Erzählung handelt und wann und wo sie stattfindet.
- Im **Hauptteil** wird erzählt, was genau passiert. Häufig gibt es im Hauptteil einen Höhepunkt, bei dem etwas Spannendes oder Besonderes passiert.
- Im **Schlussteil** steht, wie die Ereignisse ausgehen.

1. **Fiona hat die Einleitung in der Erzählung „Der Zirkus ist in der Stadt!" schon blau unterstrichen.**

Unterstreiche den Hauptteil und den Schlussteil der Erzählung in verschiedenen Farben.

2. **Fiona und Rami überlegen, warum der Clown in der Erzählung plötzlich verschwunden sein könnte. Rami hat eine Idee und erzählt Fiona davon.**

Welche Idee könnte Rami haben? Schreibe sie in die Sprechblase.

Name ____________________ Datum ____________________

Nomen und ihre Bedeutung

3. Mit Nomen kann man sowohl Tiere, Pflanzen und Gefühle benennen als auch Orte. Wenn du wissen willst, wohin der Clown verschwunden ist, musst du alle Nomen in der Überschrift und im Text finden.

Markiere die Nomen gelb.

Tipp: Was Nomen sind, kannst du im Kasten nachlesen.

4. Hast du alle 43 Nomen im Text gefunden und gelb markiert?

Schreibe sie in der Reihenfolge des Textes in die Kästchen.
Verwende jedes Nomen nur ein Mal. Es sind 28 verschiedene Nomen.
Am Ende erfährst du, warum der Clown nicht in die Manege kam.

Nomen

Mit Nomen kannst du Menschen, Tiere, Pflanzen, Gefühle und Gedanken benennen.
Ohne Nomen kannst du keine Geschichte erzählen.
Nomen haben oft einen Begleiter, man nennt ihn **Artikel**.
Es gibt bestimmte (der, die, das) und unbestimmte (ein, eine) Artikel.

Z	i	r	k	u	s

F				

Name ______________________ Datum ______________________

Nomen und ihre Bedeutung

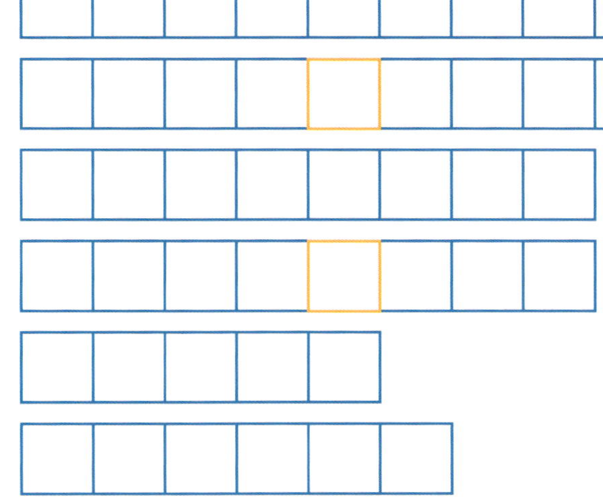

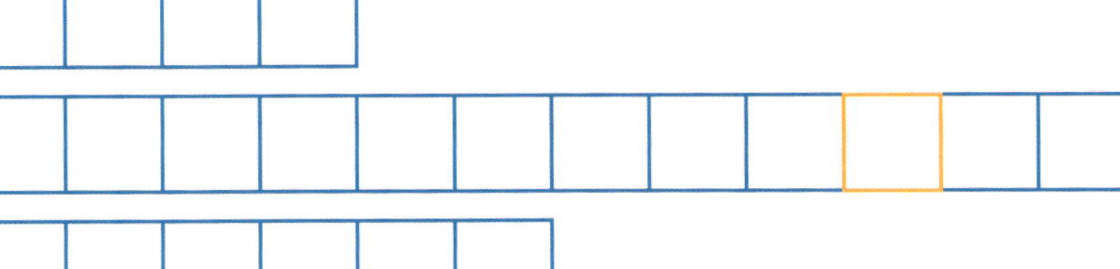

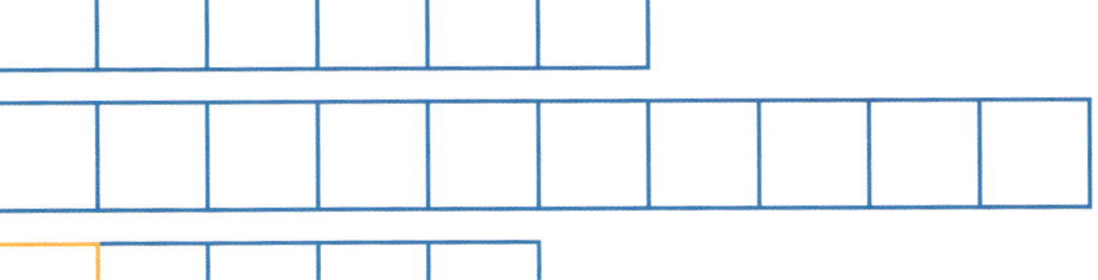

Der Clown hat einen

angewendet.

Name ______________________ Datum ______________________

Nomen und ihre Bedeutung

„Warum sind Nomen eigentlich wichtig für eine Geschichte?", fragt Rami seine Freundin Fiona.
„Sieh mal hier", sagt Fiona und zeigt Rami die Geschichte ohne Nomen.
„Jetzt sehe ich es auch!", ruft Rami.

Der ___ ist in der ___!
Seit ein paar ___ ist der ___ in der ___.
___ und ___ freuen sich schon auf ihren ___.
Am ___ gehen sie endlich zu der ___ auf dem ___.
Dort steht das ___.
___ und ___ bezahlen den ___ und setzen sich auf eine ___ im ___.
In der ___ des ___ ist die ___.
In der ___ treten gleich die ___ und ___ auf.
Anfangs begrüßt der ___ alle ___.
___ und ___ sind schon ganz aufgeregt und freuen sich auf die ___.
Zunächst tritt eine ___ auf.
In ihrer rechten ___ hält sie einen ___, den sie hin- und herschwingt.
Nach der ___ laufen die ___ durch die ___ und springen über ___.
Nun soll der ___ auftreten. Doch die ___ bleibt leer.
Die ___ wundern sich.
Wo hat sich der ___ nur versteckt?
Ob ihm etwas passiert ist?
Der ___ beendet die ___.
Die ___ gehen enttäuscht nach ___.

Name ______________________ Datum ______________________

Nomen ordnen

5. Was hat Rami entdeckt?

Schreibe deine Ideen auf.

Wer? Wann? Wo? Was?

Tipp: Die Fragewörter im Kasten helfen dir weiter.

Nomen sind für eine Erzählung wichtig, weil ______________________

____

____

6. Fiona und Rami wollen diese Nomen ordnen.

Amira | Trampolin | Manege | Seiltänzerin | Sonnenschirm

zu Hause | Freitag | Eintritt | Kinder | Clown | Schlossplatz

Kannst du ihnen dabei helfen?

Wer?

Felix, ______________________

____

____

Wo?

Stadt, ______________________

____

____

Was?

Zirkus, ______________________

____

Wann?

Tag, ______________________

____

Name ______________________ Datum ______________________

Zusammengesetzte Nomen

Als Rami sich die Nomen in der Erzählung „Der Zirkus ist in der Stadt!“ noch einmal ansieht, entdeckt er Nomen, die sehr lang sind.
„Was bedeutet denn das Wort Seiltänzerin?“, fragt er Fiona. „Da stecken zwei Wörter drin“, erklärt ihm Fiona: „Und zwar die Tänzerin und das Seil. Die Seiltänzerin ist also eine Tänzerin, die auf dem Seil tanzt.“

Komposita aus Nomen

Ein Kompositum ist ein zusammengesetztes Wort.
Die Mehrzahl (der Plural) von Kompositum ist Komposita.

Manche Komposita setzen sich aus Nomen + Nomen zusammen, wie zum Beispiel:

das Schloss + der Platz = der Schlossplatz

Das letzte Wort spielt dabei die Hauptrolle:
Ein Schlossplatz ist ein Platz und kein Schloss.

Das erste Wort beschreibt das zweite Wort genauer:
Ein Schlossplatz ist nicht irgendein Platz, sondern ein Platz vor einem Schloss.

Weil das zweite Wort die Hauptrolle spielt, bekommt das ganze Kompositum den Artikel vom zweiten Wort.

Zum Beispiel:

*der Zucker + **die** Watte = **die** Zuckerwatte*

Name ______________________ Datum ______________________

Zusammengesetzte Nomen

7. Findest du die sechs weiteren Komposita (zusammengesetzte Wörter) in der Erzählung, die aus Nomen + Nomen bestehen?

Schreibe sie hier auf.

der *Zirkusbesuch = der Zirkus +* ***der*** *Besuch*

der *Schlossplatz = das Schloss +* ***der*** *Platz*

____

____

____

____

____

____

8. Fallen dir noch mehr Komposita (zusammengesetzte Wörter) aus Nomen + Nomen ein? Schreibe sie in die Tabelle.

Artikel	Kompositum (zusammengesetztes Wort)	erstes Wort	zweites Wort
das	Holzschiff	das Holz	das Schiff

Name ______________________ Datum ______________________

Eine Geschichte schreiben

Jetzt wollen Fiona und Rami eine eigene Erzählung schreiben.
Fiona fängt an zu schreiben. Aber sie lässt die Nomen einfach weg:

So ein ___!
Am ___ geht ___ aus dem ___.
Sie will zur ___ gehen. Doch da passiert es!
Plötzlich tritt ___ in eine ___.
Ihre Füße werden ganz nass.
Schnell rennt sie wieder zurück und erzählt ihrem Freund,
was passiert ist.

Rami denkt sich Nomen aus,
die in die Lücken passen und
schreibt ein passendes Ende.

In seiner Erzählung geht es um Glück.

So ein Glück!
Am Samstagmorgen geht Sybille aus dem Schulgebäude.
Sie will zur Eisdiele gehen. Doch da passiert es!
Plötzlich tritt Sybille in eine Schachtel, die auf dem Gehweg liegt.
Nun ist die Schachtel ganz kaputt. Doch was ist das?
Darin liegt eine wunderschöne Muschel. Sybille freut sich. Sie nimmt
die Muschel mit zur Eisdiele und zeigt sie dort ihren Freunden.

Name ______________________ Datum ______________________

Eine Geschichte schreiben

9. Kannst du eine Erzählung schreiben, in der es um ein Unglück geht?

Setze die passenden Nomen in die Lücken ein und schreibe ein passendes Ende.

So ein ______________________ !

Am ______________ geht ______________________ aus dem

______________________ .

Sie will zur ______________________ gehen. Doch da passiert es!

Plötzlich tritt ______________________

____

____

____

____

____

____

____

____

____

____

____

____

Name ______________________ Datum ______________________

Das habe ich gelernt

Du hast dich mit Nomen und ihrer Bedeutung beschäftigt.

Schätze ein und kreuze an: 

Wie gut kannst du Nomen in einem Text finden?

   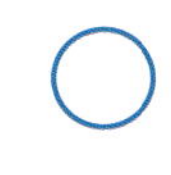

○ noch nicht so gut ○ ein bisschen ○ gut ○ sehr gut

Wie gut kannst du erklären, warum Nomen wichtig sind?

○ noch nicht so gut ○ ein bisschen ○ gut ○ sehr gut

Das hat mir geholfen:

____

Das fällt mir noch schwer:

____

Du hast gelernt, was ein Kompositum ist und wie man Wörter zerlegen und zusammensetzen kann.

Schätze ein und kreuze an: 

Wie gut kannst du erklären, was ein Kompositum ist?

○ noch nicht so gut ○ ein bisschen ○ gut ○ sehr gut

Schätze ein und kreuze an:

Wie gut kannst du zwei Wörter zu einem Kompositum zusammensetzen?

○ noch nicht so gut ○ ein bisschen ○ gut ○ sehr gut

Das hat mir geholfen:

____

Das fällt mir noch schwer:

____

Name ______________________ Datum ______________________

BESCHREIBEN – HUND ENTLAUFEN

Adjektive und ihre Bedeutung

Am Sonntagmorgen steht Neo auf und möchte als Erstes seinen kleinen Hund Lolli füttern. Doch Lolli ist verschwunden! Neo sucht in der Wohnung, im Garten und auf der Straße. Aber sein Hund ist weg. „Keine Sorge!", sagt Neos Mutter: „Wir bereiten einen Aushang vor, in dem wir genau beschreiben, wie Lolli aussieht. Und dann hängen wir die Zettel überall auf. Bestimmt weiß jemand, wo Lolli steckt."

1. Schon bald hat Neo den Zettel mit Lollis Beschreibung fertig.

Lies dir die Beschreibung durch und sieh dir die Hundebilder an. Welcher Hund passt zu der Beschreibung?

Kreuze das richtige Hundebild an. 

Hund entlaufen!

Seit Sonntagmorgen wird mein Hund Lolli vermisst.

Er ist noch sehr jung.

Lolli ist ungefähr so groß wie eine Katze.

Er hat ein glattes Fell mit kurzen Haaren.

Sein Fell ist so weiß wie Schnee.

Am Rücken hat er aber zwei pechschwarze, herzförmige Flecken.

Lollis Augen sind sehr groß und dunkelblau wie das Meer.

Ein besonderes Merkmal von Lolli ist seine schwarze Schwanzspitze.

Lolli hat ein dunkelgrünes Halsband mit einem feuerroten Herzanhänger.

Wenn Sie Lolli gesehen haben, rufen Sie bitte bei mir an.

○ ○ ○ ○ ○

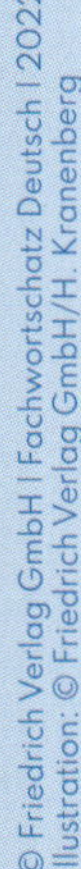

Name ______________________ Datum ______________________

Adjektive und ihre Bedeutung

2. Markiere die 12 Adjektive in der Beschreibung grün.

Tipp: Im Kasten kannst du noch einmal nachlesen, woran du ein Adjektiv erkennen kannst.

Adjektive

Mit Adjektiven kannst du genau angeben, wie etwas ist.
Mit Adjektiven kannst du Menschen, Dinge, Tiere, Gefühle oder Ereignisse genau beschreiben.

Beispiele für Adjektive:

Der Schuh ist *groß*.
Der *lustige* Clown.
Der Hund bellt *laut*.

Neos Freundin Fiona fragt, warum in der Beschreibung von Lolli so viele Adjektive sind.
„Ohne die vielen Adjektive wäre deine Beschreibung doch viel kürzer und man könnte sie schneller lesen“, sagt Fiona.
Doch Neo erklärt ihr, warum Adjektive in einer Beschreibung ganz besonders wichtig sind.

3. Schreibe Neos Erklärung auf.

Name ______________________ Datum ______________________

Genau beschreiben mit Vergleichen

4. Damit sich die Leute besser vorstellen können, wie Lolli aussieht, hat Neo in seiner Beschreibung Vergleiche eingefügt.

Die Vergleiche helfen dabei, sich etwas genau vorzustellen, wie zum Beispiel:
Lollis Fell ist so weich wie Watte.

Finde die drei Sätze mit den Vergleichen in der Beschreibung auf Seite 13 und schreibe sie auf.

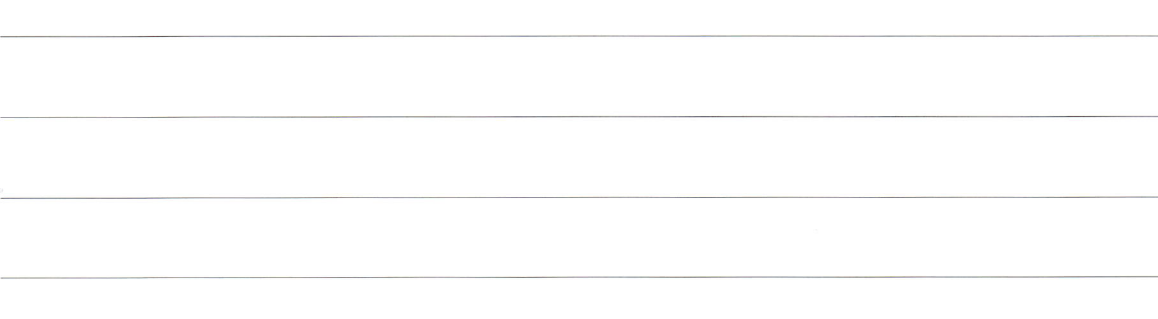

5. Schreibe fünf eigene Sätze mit Vergleichen auf.

Beispiel:

Das Baby brüllt so laut wie ein Löwe.

Name ______________________ Datum ______________________

BESCHREIBEN – HUND ENTLAUFEN

Zusammengesetzte Adjektive

Am nächsten Tag in der Schule bringt Neo seine Beschreibung von Lolli mit.
Vielleicht hat jemand aus seiner Klasse Lolli gesehen.
Seine Lehrerin Frau Adam schaut sich seine Beschreibung an:

„Du hast Lolli schon genau beschrieben.
Vielleicht kannst du zusätzlich auch zusammengesetzte Adjektive nutzen, um Lolli noch etwas genauer vorzustellen."

Komposita aus Adjektiven

Du weißt bereits, dass man ein Wort, das aus zwei oder mehreren Wörtern zusammengesetzt ist, Kompositum nennt (oder Komposita, wenn es mehrere zusammengesetzte Wörter sind). Nicht nur Nomen, sondern auch Adjektive können Komposita sein.

Adjektive können unterschiedlich zusammengesetzt sein, zum Beispiel:

dunkelblau = dunkel + blau (Adjektiv + Adjektiv)
liebevoll = die Liebe + voll (Nomen + Adjektiv)

Das erste Teil des Kompositums gibt zusätzliche Informationen zum letzten Teil, zum Beispiel:

*Dunkel**blaues** T-Shirt: Wie ist die Farbe des T-Shirts?*
*Die Farbe des T-Shirts ist **blau**.*
Welches Blau ist es? Es ist ein dunkles Blau, also dunkelblau.

Wortbildung
So können die Wörter zusammengesetzt werden:

Zum Beispiel:

die Zitrone + gelb = zitronengelb
der Himmel + blau = himmelblau
der Schwan + weiß = schwanenweiß

Name ______________________ Datum ______________________

BESCHREIBEN – HUND ENTLAUFEN

Zusammengesetzte Adjektive

6. **Finde die zusammengesetzten Adjektive in der Beschreibung „*Hund entlaufen*“ auf Seite 13. Unterstreiche sie rot.**

Schreibe die Adjektive, die du rot unterstrichen hast, in die Tabelle.

Zerlege sie in zwei Wörter und erkläre, was sie bedeuten.

zusammengesetztes Adjektiv	erstes Wort	zweites Wort	Erklärung
pechschwarz	Pech	schwarz	schwarz wie Pech

7. **Bei einem Blick auf die T-Shirts in seinem Kleiderschrank fallen Rami die vielen verschiedenen Farbmuster und Farbschattierungen auf.**

Beschreibe die Farben seiner T-Shirts möglichst genau, indem du Komposita (zusammengesetzte Wörter) bildest.

Die Wörter im Kasten helfen dir vielleicht dabei.

gepunktet, kariert, hell, dunkel

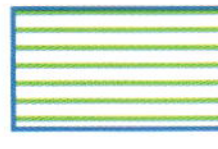 grüngestreift

 ______________________

 ______________________

 ______________________

____

 ______________________

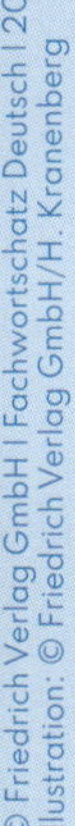

Name ____________________ Datum ____________________

BESCHREIBEN – HUND ENTLAUFEN

Zusammengesetzte Adjektive

8. Verbinde die Wörter miteinander und bilde Farbadjektive.

Schreibe sie auf.

die Maus	braun
der Rabe	grau
der Schwan	rot
der Frosch	weiß
der Krebs	grün
der Bär	schwarz

froschgrün, ____________________

____

____

9. Fallen dir noch weitere Farbadjektive ein? Schreibe sie auf.

Tipp: In den Kästen „Komposita aus Nomen" und „Komposita aus Adjektiven" kannst du nachlesen, was du beim Zusammensetzen von Wörtern beachten musst.

____

____

Name ____________________ Datum ____________________

BESCHREIBEN – HUND ENTLAUFEN

Eine eigene Beschreibung anfertigen

Die Beschreibung

In einer Beschreibung geht es darum, das Aussehen und die besonderen Merkmale einer Person oder eines Tieres genau zu beschreiben.

- In der Einleitung schreibst du, um wen es geht.
- Im Hauptteil beschreibst du die Person oder das Tier mithilfe von Adjektiven möglichst genau:
  - die Haarfarbe oder Fellfarbe
  - die Augenfarbe
  - die Größe
  - besondere Fähigkeiten
- Im Schlussteil beschreibst du besondere Merkmale.

Die zusammengesetzten Adjektive und Nomen helfen dir dabei, die Merkmale der Person oder des Tieres möglichst genau zu beschreiben.

Fiona erklärt Rami, dass man Nomen durch Personalpronomen ersetzen kann, damit man sich nicht ständig wiederholt und die Beschreibung interessanter klingt.

Personalpronomen

Personalpronomen stehen für Nomen.
Das heißt, sie können Nomen ersetzen.

Es gibt acht Personalpronomen: ich, du, er, sie, es, wir, ihr und sie.

Du kannst jedes Nomen durch ein Pronomen ersetzen.

Ein Nomen, das den Artikel „die" hat, kann durch das Pronomen „sie" ersetzt werden.
Zum Beispiel: *die Katze – sie*

Ein Nomen mit dem Artikel „der" ersetzt man durch „er".
Zum Beispiel: *der Hund – er*

Ein Nomen mit dem Artikel „das" kann durch „es" ersetzt werden.
Zum Beispiel: *das Kaninchen – es.*

Name ______________________ Datum ______________________

BESCHREIBEN – HUND ENTLAUFEN

Eine eigene Beschreibung anfertigen

10. **Setze für die Nomen das passende Personalpronomen ein.**

Das Kaninchen ist verschwunden.

Es ist verschwunden.

Die Lehrerin hilft den Kindern bei der Beschreibung.

____

Der Bäcker hat Tapsi in seinem Garten entdeckt und zu Rami gebracht.

____

____

Rami hat Tapsi direkt umarmt und sich sehr gefreut.

____

____

Die Mutter hat die Löcher im Gartenzaun repariert.

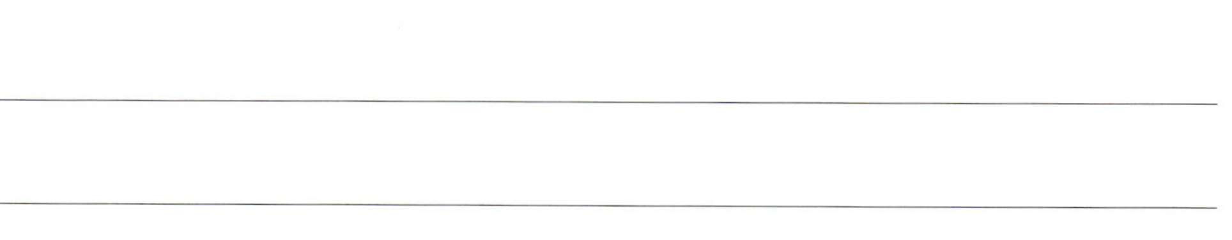

____

____

Das Kaninchen kann jetzt nicht mehr ausbüxen.

____

Name ____________________ Datum ____________________

Eine eigene Beschreibung anfertigen

11. **Beschreibe eines der abgebildeten Tiere in deinem Heft. Die Beschreibung von Tapsi hilft dir dabei.**

Denke daran, Personalpronomen zu benutzen, um Wiederholungen zu vermeiden.

Kaninchen gesucht!

Mein Kaninchen Tapsi ist verschwunden.
Es ist beim Spielen bei uns im Garten weggelaufen.
Tapsi ist ein kleines Kaninchen mit einem mittellangen, schwarzweißen Fell.
Eine Seite des Kopfes, die Brust, der Bauch, die Vorder- und Hinterbeine, die Ohren und der Schwanz sind schneeweiß.
Die andere Seite des Kopfes und der Rücken sind schwarz.
Tapsi hat braune Augen und eine rosa Nase.
Ein besonderes Merkmal von Tapsi sind seine ungewöhnlich langen Ohren. Das eine Ohr ist etwas abgeknickt.
Mein Kaninchen ist zahm und hört auf seinen Namen.
Es kann in der Gartenstraße 22 abgegeben werden.

Name ______________________ Datum ______________________

Das habe ich gelernt

Du hast dich mit Adjektiven beschäftigt.

Schätze ein und kreuze an: X

Wie gut kannst du Adjektive in einem Text finden?

○ noch nicht so gut ○ ein bisschen ○ gut ○ sehr gut

Wie gut kannst du erklären, warum Adjektive wichtig sind?

○ noch nicht so gut ○ ein bisschen ○ gut ○ sehr gut

Das hat mir geholfen:

____

Das fällt mir noch schwer:

____

Du hast gelernt, wie du zwei Adjektive zu einem Kompositum zusammensetzen und wieder zerlegen kannst.

Schätze ein und kreuze an: 

Wie gut kannst du Komposita aus zwei Adjektiven bilden?

 noch nicht so gut  ein bisschen   gut   sehr gut

Schätze ein und kreuze an: 

Wie gut kannst du zwei Wörter zu einem Kompositum zusammensetzen?

 noch nicht so gut  ein bisschen  gut  sehr gut

Das hat mir geholfen:

____

Das fällt mir noch schwer:

____

Name ______________________ Datum ______________________

Fragen zu einem Bericht

Heute ist Fiona zu spät zur Schule gekommen.
Aufgeregt berichtet sie in der Klasse, was sie heute Morgen auf ihrem Weg zur Schule beobachtet hat:

Da war ein alter Mann in einem Auto. Er ist mit seinem Auto einfach gegen einen anderen Wagen gefahren. Und dann war da auch noch diese Ente auf der Straße. Zum Glück ist niemandem etwas passiert. Die Autoreifen haben ganz schön gequietscht. Die Polizei war auch da.

„Da hast du ja ganz schön viel zu berichten“, meint Frau Adam.
Die Kinder haben viele Fragen an Fiona.

1. Was würdest du Fiona fragen?

Schreibe deine Fragen auf.

Name ____________________ Datum ____________________

Fragen zu einem Bericht

„Damit wir die Ereignisse auf deinem Schulweg besser verstehen können, brauchen wir noch ein paar Informationen von dir. In einem Bericht geht es nämlich darum, alle Informationen zu einem Ereignis möglichst genau zu schildern. Dabei ist es wichtig, über das Ereignis in der richtigen Reihenfolge zu berichten", sagt Frau Adam.

2. Kannst du Fiona dabei helfen, die Informationen aus ihrem Bericht zu ordnen?

Verbinde die Kästchen.

1. Wann ist der Unfall passiert?	eine ausgebüxte Ente und zwei Autos
2. Wer war am Unfall beteiligt?	Die Ente ist auf die Fahrbahn gelaufen. Ein Auto musste bremsen. Ein anderes Auto fuhr dahinter. Es konnte nicht mehr bremsen und fuhr von hinten auf den vorderen Wagen auf.
3. Wo ist der Unfall passiert?	vor der Grundschule „Am Hasenbusch"
4. Was ist bei dem Unfall passiert?	am Freitagmorgen, den 05. Mai

Name ______________________ Datum ______________________

Aufbau eines Berichts

Der Bericht

In der Regel besteht ein Bericht aus vier Teilen:
einer Überschrift, einer Einleitung, einem Hauptteil und einem Schlussteil.

- Die Überschrift soll die Leserinnen und Leser neugierig machen und nicht zu viel verraten.
- In der Einleitung werden die folgenden Fragen beantwortet:
  - **Wann** hat sich etwas ereignet?
  - **Wer** war daran beteiligt?
  - **Wo** ist etwas geschehen?
  - **Was** ist geschehen?
- Im Hauptteil des Berichts wird beschrieben, wie es zu dem Ereignis gekommen ist.
- Im Schlussteil wird berichtet, wie das Ereignis ausgegangen ist.

Name ______________________ Datum ______________________

Aufbau eines Berichts

Am nächsten Tag bringt Frau Adam den Kindern in der Schule einen Bericht über den Unfall mit, den Fiona beobachtet hat:

Ente verursacht Unfall

Am Freitagmorgen, den 5. Mai, kam es vor der Grundschule „Am Hasenbusch“ zu einem Verkehrsunfall.

Eine aus dem naheliegenden Bauernhof ausgebüxte Ente lief plötzlich auf die Fahrbahn. Eine 33-jährige Mutter, die ihren Sohn mit dem Auto zur Schule bringen wollte, musste scharf bremsen. Ein 77-jähriger Rentner, der hinter ihr fuhr, konnte nicht mehr rechtzeitig bremsen. Er fuhr von hinten auf den Wagen der 33-Jährigen auf.

Die beiden Autofahrer blieben unverletzt und riefen umgehend die Polizei. Die Ente kam mit dem Schrecken davon. Sie wurde von den Polizisten eingefangen und zurück auf den Bauernhof gebracht. An beiden Autos entstand ein Sachschaden im Wert von insgesamt 5.000 Euro.

3. Lies dir den Zeitungsbericht durch.

Markiere die Überschrift, die Einleitung, den Hauptteil und den Schluss mit verschiedenen Farben.

Tipp: Der Kasten „Der Bericht“ hilft dir dabei.

Name ______________________ Datum ______________________

Informationen in einem Bericht finden

4. **Lies dir den Zeitungsbericht noch einmal durch.**

Welche Informationen findest du darin?

Beantworte die Fragen:

Wo ist der Unfall passiert?

Der Unfall ist ______________________

____

Wann ist der Unfall passiert?

Der Unfall ist ______________________

____

____

Wer war am Unfall beteiligt?

Am Unfall waren ______________________

____

____

Was ist genau beim Unfall geschehen?

____

____

____

____

____

____

Name ____________________ Datum ____________________

Verben und ihre Bedeutung

Rami liest den Zeitungsbericht und freut sich. Er muss bis morgen einen Bericht für die Schülerzeitung schreiben. Darin geht es um einen Einbruch in der Schule. Den Zeitungsbericht nimmt Rami als Hilfe und schreibt einen eigenen Text.

Einbruch in der Schule

Am Sonntag, den 29. April 2022, gibt es einen Einbruch in der Grundschule „Am Hasenbusch".
Ein Einbrecher schlägt das Fenster der Klasse 3b kaputt.
Er steigt durch das Fenster in den Klassenraum.
Dort klaut er einen Laptop. Danach geht er durch das Schulgebäude und stiehlt ein Handy und ein Buch.
Als er die Schule verlässt, verhaftet ihn die Polizei.

5. Lies dir den Text von Rami durch.

Findest du alle acht Verben, die Rami verwendet hat? Unterstreiche sie rot.

Tipp: Was Verben sind, kannst du im Kasten nachlesen.

Verben

Mit Verben kannst du angeben, was jemand tut oder was geschieht: *laufen, essen, schlafen, regnen.*

Verben haben eine Grundform, die immer auf ***-en*** endet.

Verben haben auch Personalformen, mit denen du angeben kannst, wer etwas tut.
Zum Beispiel: ***er*** *schläft,* ***sie*** *sitzt,* ***du*** *schreibst …*

Personalformen erkennst du an den Endungen, die sich ändern, je nachdem wer etwas tut.
Zum Beispiel: *ich schreib**e**, du schreib**st**, er, sie oder es schreib**t**.*

Name ______________________ Datum ______________________

Zeitformen: das Präteritum

6. Rami vergleicht seinen Bericht mit dem Bericht aus der Zeitung „Ente verursacht Unfall“. Dabei fällt ihm etwas auf. Findest du heraus, was?

Vergleiche die beiden Berichte miteinander und schreibe deine Vermutung auf.

____

____

____

____

Neo entdeckt, dass Rami den Bericht in der **Gegenwartsform** (im Präsens) geschrieben hat.
Er sagt zu Rami: „Der Einbruch war ja schon vor einiger Zeit.
Deshalb musst du deinen Bericht in der **Vergangenheitsform** (im Präteritum) schreiben!“

Dann erzählt Neo, was er über die Vergangenheitsform (das Präteritum) weiß:

Die Zeitform für die aufgeschriebene Vergangenheit heißt Präteritum. Diese Zeitform hilft dir, wenn du einen Bericht über Vergangenes schreibst, genau anzugeben, was passiert ist und wer was getan hat.

Von vielen Verben kannst du die Vergangenheitsform (das Präteritum) ganz einfach bilden.

Sie setzt sich zusammen aus dem **Verbstamm** und der Endung ***-te***.

Diese Verben nennt man **schwache Verben**.

Name ______________________ Datum ______________________

BERICHTEN – EIN UNFALL VOR DER SCHULE

Zeitformen: das Präteritum

7. **Rami möchte die Vergangenheitsform von verschiedenen Verben bilden. Dabei braucht er deine Hilfe.**

Ergänze die Tabelle.

Grundform	Verbstamm	Endung	Präteritum
spielen	**spiel**	**te**	**spielte**
malen		te	malte
lachen	lach		
hüpfen			
suchen		te	
schaukeln			schaukelte
tanzen			
			rutschte
	bastel	te	
kochen			

Name ______________________ Datum ______________________

Zeitformen: das Präteritum

8. **Neo möchte noch mehr schwache Verben finden. Kannst du ihm helfen?**

Schreibe die schwachen Verben in die Tabelle. Verben, die nicht in die Tabelle passen, kannst du unten im Kasten aufschreiben.

Grundform	Verbstamm	Endung	Präteritum
putzen	putz	te	putzte

Diese Verben passen nicht in die Tabelle:

schlafen fahren

Name ______________________ Datum ______________________

Zeitformen: das Präteritum

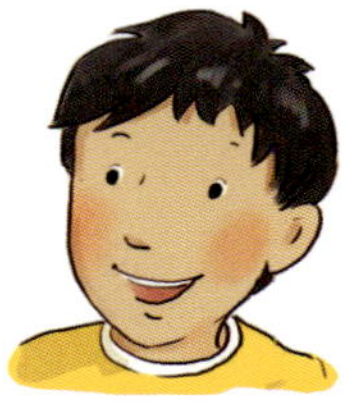

Rami fallen viele Verben ein, die nicht in die Tabelle passen.
Ihre Vergangenheitsform endet nicht auf ***-te***.
Diese Verben nennt man **starke Verben**.
Sie verändern sich sehr stark, wenn man ihre Vergangenheitsform bildet.

9. Neo holt ein altes Memospiel aus dem Schrank und sagt: „Damit habe ich immer geübt, damit ich die Vergangenheitsform von den starken Verben lerne." Die beiden Kinder sortieren die Karten. Kannst du ihnen helfen?

Verbinde die beiden Karten, die zusammengehören.

lesen — ich las

ich schlief

ich fuhr

essen

ich sah

sehen

schlafen

gehen

fahren

ich aß

ich schwamm

ich trank

ich ging

schwimmen

trinken

Name ______________________ Datum ______________________

Zeitformen: das Präteritum

10. „Das ist aber kompliziert mit den Verben", findet Rami. Am liebsten würde er sie einfach in seinem Bericht weglassen. Neo erklärt ihm, warum das keine gute Idee ist.

Schreibe Neos Erklärung in die Sprechblase.

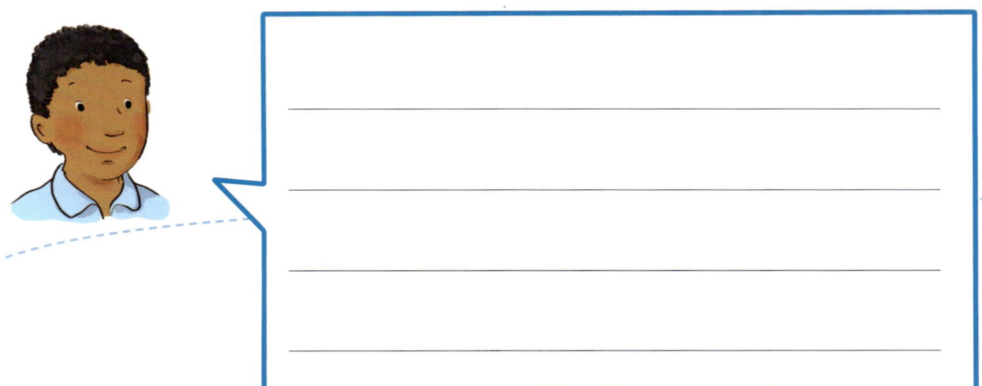

11. Rami weiß jetzt, wie wichtig Verben sind und möchte seinen Bericht verbessern. Er versucht alle Verben in der Vergangenheitsform aufzuschreiben. Kannst du ihm dabei helfen?

Ergänze die Lücken.

Einbruch in der Schule

Am Sonntag, den 29. April, ____________ (geben) es einen Einbruch in der Grundschule „Am Hasenbusch".

Ein Einbrecher ____________ (schlagen) das Fenster der Klasse 3b kaputt. Er ____________ (steigen) durch das Fenster in den Klassenraum. Dort ____________ (klauen) er einen Laptop. Danach ____________ (gehen) er durch das Schulgebäude und ____________ (stehlen) ein Handy und ein Buch.

Als er die Schule ____________ (verlassen), ____________ (verhaften) ihn die Polizei.

Name ______________________ Datum ______________________

Das habe ich gelernt

Du hast dich mit der Textsorte des Berichts beschäftigt.

Schätze ein und kreuze an: X

Wie gut weißt du, was alles in einen Bericht gehört?

○ noch nicht so gut ○ ein bisschen ○ gut ○ sehr gut

Wie gut weißt du, welche Fragen in der Einleitung beantwortet werden?

○ noch nicht so gut ○ ein bisschen ○ gut ○ sehr gut

Das hat mir geholfen:

____

Das fällt mir noch schwer:

____

Du hast gelernt, was schwache Verben sind und wie man sie verändern kann. Du hast auch erfahren, warum Verben in einem Text wichtig sind.

Schätze ein und kreuze an: X

Wie gut kannst du die Vergangenheitsform von schwachen Verben bilden?

○ noch nicht so gut ○ ein bisschen ○ gut ○ sehr gut

Schätze ein und kreuze an: X

Wie gut kannst du erklären, warum Verben in einem Text wichtig sind?

○ noch nicht so gut ○ ein bisschen ○ gut ○ sehr gut

Das hat mir geholfen:

____

Das fällt mir noch schwer:

____

Name ____________ Datum ____________

Aufbau einer Anleitung

Neo, Fiona und Rami freuen sich schon auf die Back-AG in der Nachmittagsbetreuung der Schule. Jeden Mittwochnachmittag dürfen sie mit einer Betreuerin ein neues Rezept ausprobieren. Heute backen die Kinder Pfannkuchen, die nachher gemeinsam gegessen werden dürfen. Zu Hause erzählt Rami seiner Familie von den leckeren Pfannkuchen. Am Wochenende möchte er mit seiner Mutter die Pfannkuchen nachbacken. Am Samstag ist es endlich soweit. Rami liest seiner Mutter das Rezept vor, das er aus der Schule mitgebracht hat:

„Die Pfannkuchen schmecken wirklich sehr lecker!“

So backst du Pfannkuchen:

Als Erstes schüttest du das Mehl in die Schüssel. Dann schlägst du die Eier auf. Nun gießt du die Milch dazu. Anschließend fügst du dem Teig auch etwas Zucker hinzu. Danach verrührst du die Zutaten mit dem Mixer. Verstreue noch eine Prise Salz in den Teig. Nun ist der Teig fertig.
Erwärme jetzt ein Stückchen Butter in der Pfanne. Nun gießt du den Teig mit einem Schöpflöffel in die Pfanne. Pass auf, dass der Pfannkuchen in der heißen Pfanne nicht anbrennt. Wenn du magst, kannst du auf dem fertig gebackenen Pfannkuchen zum Schluss noch etwas Zimt verteilen.

Name ______________________ Datum ______________________

ANLEITEN – LECKERE REZEPTE AUSPROBIEREN

Das Pronomen „man“

Rami und seine Mutter backen die Pfannkuchen.
Sie schmecken sehr lecker.
Deshalb möchte Ramis Mutter das Rezept in ihr Rezeptbuch schreiben.
Rami soll es ihr diktieren. Er beginnt: „Als Erstes schüttest du …“.
Da unterbricht ihn seine Mutter: „In Rezepten wird oft die Man-Form verwendet. Dann wird nicht eine Person direkt angesprochen“.

Rami ist verunsichert. Kannst du ihm helfen?

1. Verbinde die Sätze, die zusammengehören.

So backst du Pfannkuchen:	Nun gießt man die Milch hinzu.
Als Erstes schüttest du das Mehl in eine Schüssel.	So backt man Pfannkuchen:
Dann schlägst du die Eier auf.	Anschließend fügt man dem Teig etwas Zucker hinzu.
Nun gießt du die Milch hinzu.	Danach verrührt man die Zutaten mit dem Mixer.
Anschließend fügst du dem Teig etwas Zucker hinzu.	Dann schlägt man die Eier auf.
Danach verrührst du die Zutaten mit dem Mixer.	Als Erstes schüttet man das Mehl in eine Schüssel.

2. Vergleiche die Sätze in der Man-Form und Du-Form miteinander. Was verändert sich?

____

____

____

Name ____________________ Datum ____________________

Satzanfänge variieren

Auch Fiona und Neo möchten backen, denn Fiona hat am Montag Geburtstag. Sie möchte gerne einen Kuchen backen. „Ich finde aber Muffins viel besser", sagt Neo, „sie sind lecker und sehen schön aus. Außerdem braucht man kein Messer, um sie zu schneiden, und auch keine Teller, um sie zu essen. Und ich habe ein ganz tolles Muffins-Rezept."
„Na gut", erwidert Fiona und sieht sich das Rezept an:

Schokoladen-Muffins

Zutaten:

- 90 Gramm Vollmilchschokolade
- 60 Gramm Butter
- 100 Gramm Zucker
- 2 Eier
- 40 Gramm Kakaopulver
- 40 Gramm Mehl
- ein halber Teelöffel Backpulver

Zubereitung:

Man heizt den Backofen auf 170 Grad vor.
Man mischt Mehl mit Backpulver und Kakao zusammen.
Man schmilzt Schokolade und Butter in einem Topf bei kleiner Hitze.
Man rührt Eier mit Zucker mit einem Mixer 3 Minuten lang, bis ein heller Schaum entsteht.
Man gibt die geschmolzene, warme Mischung aus Schokolade und Butter zu dem Eierschaum und rührt vorsichtig um.
Man hebt die Mischung aus Mehl und Kakao unter die Ei-Butter-Schokoladen-Mischung.
Man füllt den Teig in die Muffinförmchen um und backt ihn 20–30 Minuten.
Man kann die fertigen, erkalteten Muffins mit geschmolzener Schokolade überziehen.

Guten Appetit!

Name ______________________ Datum ______________________

Satzanfänge variieren

„O Mann!“, sagt Fiona: „Ich finde das Rezept sehr unübersichtlich. Ich kann gar nicht verstehen, was ich zuerst machen soll und was danach. Soll ich zuerst den Backofen vorheizen oder die Schokolade schmelzen?“

„Stimmt!“, antwortet Neo: „Jetzt sehe ich auch, dass im Rezept etwas fehlt. Es gibt Wörter, die man für Satzanfänge benutzt. Sie helfen zu verstehen, in welcher Reihenfolge die Muffins zubereitet werden.“

Satzanfänge in einem Rezept

Wenn du beschreiben möchtest, in welcher Reihenfolge etwas gemacht werden soll oder geschieht, brauchst du Wörter, die dir helfen zu zeigen, was zuerst und was später geschieht.

Zum Beispiel:

zuerst, als Erstes, zunächst, danach, jetzt, dann, nun, im Anschluss daran, anschließend, zum Schluss, schließlich, zu guter Letzt, zuletzt, abschließend

- Für den ersten Satz deiner Anleitung kannst du ***zuerst, als Erstes*** oder ***zunächst*** benutzen.
- Für die weiteren Sätze kannst du die Wörter **danach, nun, dann, jetzt, im Anschluss daran** oder **anschließend** gebrauchen.
- Für den Schlusssatz kannst du ***zum Schluss, schließlich, zu guter Letzt, zuletzt*** oder ***abschließend*** verwenden.

Name ______________________ Datum ______________________

Satzanfänge variieren

3. Da Fiona und Neo die Zutaten für das Backen vorbereiten müssen, haben sie keine Zeit zum Umschreiben des Rezepts.

Hilf ihnen und ergänze das Muffins-Rezept, sodass verständlich wird, in welcher Reihenfolge die Muffins zubereitet werden.

Benutze Wörter aus dem Kasten „Satzanfänge in einem Rezept", die passend sind. Du musst auch die Reihenfolge der Wörter am Anfang jedes Satzes ändern.

Schokoladen-Muffins

Zuerst heizt man den Backofen auf 170 Grad vor.

____

____

____

____

____

____

____

____

____

____

____

____

Guten Appetit!

Name Datum

Zeitformen: das Präsens

Da fällt Neo etwas auf: „Ein Rezept schreiben ist so ähnlich wie einen Bericht schreiben. Man muss alles der Reihe nach erzählen und irgendwann ist man fertig. Aber einen Bericht schreibt man in der Vergangenheitsform (Präteritum). Ein Rezept ist aber nicht in der Vergangenheitsform geschrieben."

„Ja, klar!", sagt Fiona: „In einem Bericht berichtest du von Dingen, die schon geschehen sind. Ein Rezept hilft dir aber, etwas JETZT zuzubereiten. Darum benutzt man für Rezepte die Gegenwartsform (Präsens)."

Die Zeitform für die Gegenwart heißt Präsens. Diese Zeitform hilft dir, wenn du über Gegenwärtiges schreibst oder sprichst, genau anzugeben, was passiert und wer was tut.

Von vielen Verben kannst du die Gegenwartsform ganz einfach bilden.

Sie setzt sich zusammen aus dem **Verbstamm** und den Personalendungen. Die Personalendungen zeigen an, welche Person gerade etwas tut, zum Beispiel:

*mach**en** – du mach**st**, er mach**t***

Bei manchen Verben verändert sich der Verbstamm. Diese Verben nennt man starke Verben, weil sie sich stark verändern. Zum Beispiel:

*sprechen – du spr**i**ch**st**, er spr**i**ch**t***
*l**au**fen – du l**äu**f**st**, er l**äu**f**t***

Name ____________________ Datum ____________________

Zeitformen: das Präsens

**4. Neos altes Memospiel hat Verben in der Gegenwartsform.
Fiona und Neo sortieren die Karten.
Kannst du ihnen helfen?**

Verbinde die beiden Karten, die zusammengehören.

lesen

du liest

du fährst

waschen

essen

du fällst

fallen

schlafen

sehen

du isst

du wäschst

fahren

du siehst

laufen

du läufst

du schläfst

Name ______________________ Datum ______________________

ANLEITEN – LECKERE REZEPTE AUSPROBIEREN

Zusammengesetzte Verben

Als sich Fiona und Neo das fertige Rezept ansehen, fällt Fiona etwas auf: „Ist es nicht merkwürdig, dass am Ende von manchen Sätzen noch komische kleine Wörter stehen?“ Sie zeigt auf die Wörter ***vor***, ***um*** und ***unter.***
Neo erzählt Fiona, was er über diese kleinen Wörter weiß:

Verben mit Vorsilben

Um noch genauer anzugeben, was man macht oder was geschieht, kann man bei einigen Verben kleine Wortbauteile vorschalten.

Zum Beispiel:

auf-, ab-, zu-, vor-, um-, unter-, ver-, be-, zer-, durch-.

Diese Wortbauteile nennt man Vorsilben (Präfixe). Sie verändern die Bedeutung eines Verbs manchmal stark und manchmal nur ein bisschen.
Man benutzt Verben mit Vorsilben, um sich ganz genau auszudrücken.

Das besondere an den Vorsilben ist, dass sich manche von ihnen (zum Beispiel auf-, ab-, vor-, zu-, um-) in der Gegenwartsform (Präsens) und gesprochenen Vergangenheit (Perfekt) vom Verb trennen:

aufmachen – Man ***macht*** *die Dose* ***auf****.*
vorheizen – Man ***heizt*** *den Ofen* ***vor****.*

Man nennt diese Verben trennbare Verben.

Andere Vorsilben (wie ver-, be-, er-, zer-) trennen sich nicht vom Verb, zum Beispiel:

verrühren – Man ***verrührt*** *Eier mit Zucker.*

zerschneiden – Man ***zerschneidet*** *einen Apfel in drei Stücke.*

Man nennt diese Verben nicht trennbare Verben.

Name ______________________ Datum ______________________

Zusammengesetzte Verben

5. „Das will ich üben!", ruft Fiona.

Hilf ihr, die Wörter aus der Wortwolke in die Tabelle einzuordnen.

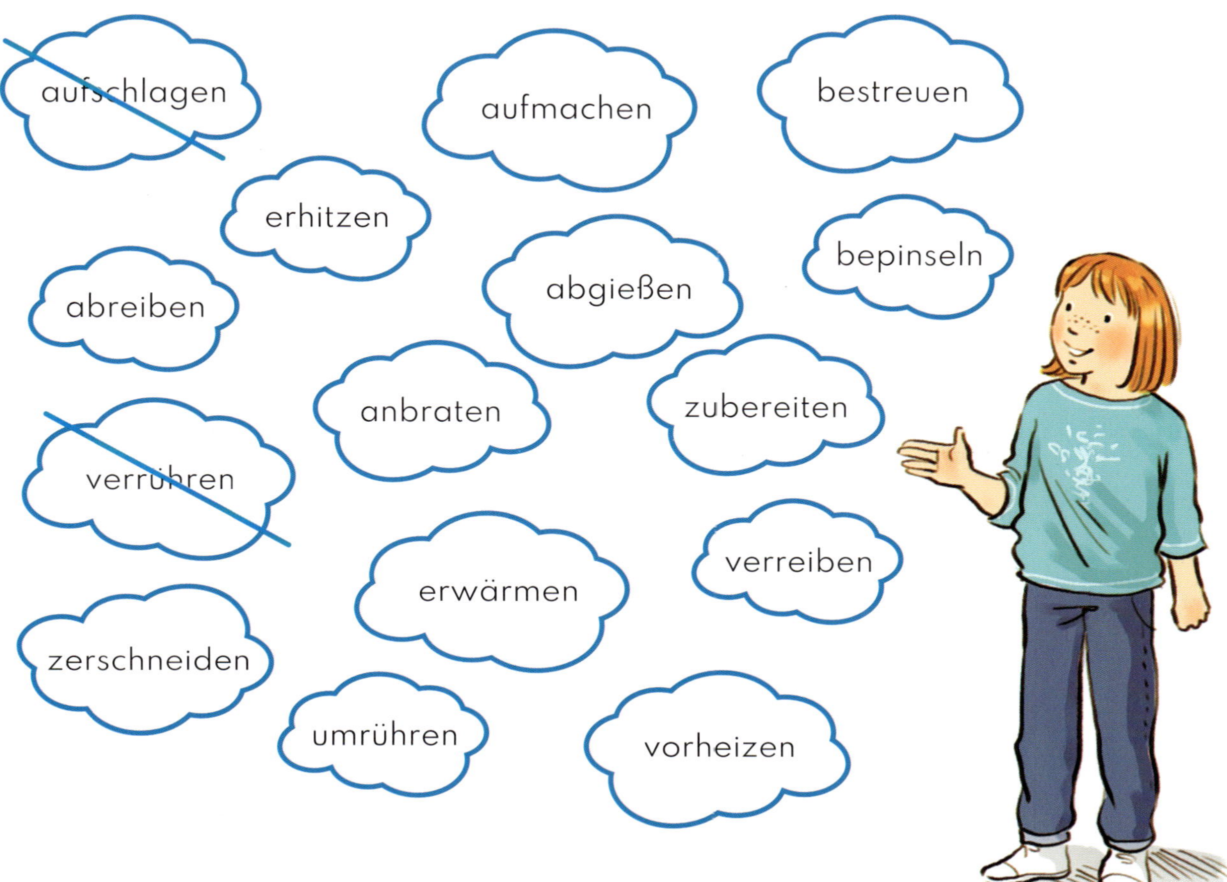

trennbare Verben	nicht trennbare Verben
ich schlage auf – aufschlagen	ich verrühre – verrühren

Name ______________________ Datum ______________________

Zusammengesetzte Verben

Bei einem Rezept werden oft Verben mit Präfixen genutzt, um die Zubereitung genau zu beschreiben. In einem Rezept, das Fiona aus ihrem Urlaub in Italien mitgebracht hat, waren auch viele Verben mit Präfixen enthalten. Leider kann man nicht mehr alle Wörter des Rezepts lesen.

6. Hilf Fiona das Rezept wiederherzustellen und setze die Verben an den passenden Stellen ein.

Pass gut auf, denn bei manchen Verben sind die Präfixe trennbar, bei anderen aber nicht.

Spaghetti Carbonara (2 Portionen)

Zutaten:

2 Scheiben gekochten Schinken • 2 Eier • 150 ml Sahne • eine kleine Zwiebel • 200 Gramm Spaghetti • 30 Gramm Butter • 3 Esslöffel geriebenen Parmesankäse • Salz • Pfeffer

Zubereitung:

Zuerst ______________ man die Zwiebel und schneidet sie in kleine Würfel. Danach ______________ man den Schinken auch in kleine Würfel. Anschließend ______________ man die Zwiebelwürfel in Butter in einer großen Pfanne ______________ , bis sie goldgelb werden. Dann ______________ man Schinkenwürfel ______________ und ______________ sie, bis sie leicht bräunlich werden. Nun gießt man 2 Liter Wasser in einen großen Topf und ______________ es. Wenn das Wasser kocht, ______________ man 1 Teelöffel Salz und Spaghetti ______________ und ______________ sie 5 – 8 Minuten, bis sie bissfest sind. Währenddessen ______________ man Sahne mit Eiern und Parmesankäse in einem Becher. Wenn die Spaghetti gar sind, ______________ man das Wasser ______________ und gibt die Spaghetti in die Pfanne zu den Schinken- und Zwiebelwürfeln. Jetzt ______________ man die Eier-Sahne-Mischung darüber und ______________ kräftig ______________ . Man erhitzt die Spaghetti unter ständigem Rühren 2 – 3 Minuten lang, bis die Eier stocken. Zum Schluss ______________ man die fertigen Spaghetti mit Parmesankäse und serviert sie auf einem Teller.

Guten Appetit!

schälen
erhitzen
anbraten
dazugeben
schneiden
hinzufügen
braten
kochen
verrühren
abgießen
gießen
umrühren
bestreuen

Name ______________________ Datum ______________________

Zusammengesetzte Verben

Neo liest sich das fertige Spaghetti-Carbonara-Rezept durch und sagt: „Mir fällt hier etwas auf! Viele Verben mit Präfixen sind leicht zu verstehen, zum Beispiel bedeutet *anbraten* kurz braten."

Verben verändern ihre Bedeutung

Bei manchen Verben ändert sich die Bedeutung durch die Präfixe sehr stark und ist ganz anders als die Bedeutung des Verbs ohne Präfix. Diese Verben muss man sich erklären lassen oder im Lexikon nachschlagen, was sie bedeuten, zum Beispiel:

erfahren ist nicht **fahren**, sondern eine Information bekommen – *Neo hat erfahren, dass die Mathestunde morgen ausfällt.*

entdecken hat nichts mit **decken** zu tun, es bedeutet etwas Unbekanntes finden – *Fiona hat entdeckt, dass es starke und schwache Verben gibt.*

anfangen hat nichts mit **fangen** zu tun, sondern mit beginnen – *Die Geburtstagsfeier fängt um 14 Uhr an.*

7. Es gibt viele Verben, bei denen sich die Bedeutung durch das Präfix stark verändert.

Versuche zu erklären, was die Sätze in der Tabelle bedeuten.

Verb	Satz	Was bedeutet das?
bestehen	**Ich habe eine Prüfung bestanden.**	Ich habe eine Prüfung geschafft.
ausgehen	**Meine Eltern gehen am Abend aus.**	
ausgehen	**Die Geschichte geht gut aus.**	
eingehen	**Meine Sonnenblume geht ein,** weil ich sie nicht gegossen habe.	
zugeben	**Der Dieb gibt zu,** eine Gans gestohlen zu haben.	
aufhören	**Hör auf,** mich zu nerven!	

Name ______________________ Datum ______________________

ANLEITEN – LECKERE REZEPTE AUSPROBIEREN

Das habe ich gelernt

Du hast dich mit der Textsorte Rezept beschäftigt.

Schätze ein und kreuze an: X

Wie gut kennst du dich mit dem Unterschied zwischen der Du-Form und der Man-Form aus?

○ noch nicht so gut ○ ein bisschen ○ gut ○ sehr gut

Wie gut weißt du, welche unterschiedlichen Satzanfänge du bei einem Rezept verwenden kannst?

○ noch nicht so gut ○ ein bisschen ○ gut ○ sehr gut

Das hat mir geholfen:

____

Das fällt mir noch schwer:

____

Du hast Verben in ihrer Gegenwartsform („Präsens“) kennengelernt.

Schätze ein und kreuze an: 

Wie gut kannst du Verben in der Gegenwartsform bilden?

○ noch nicht so gut ○ ein bisschen ○ gut ○ sehr gut

Welche trennbaren und untrennbaren Verben kennst du?

trennbare Verben	nicht trennbare Verben

Das hat mir geholfen:

____

Das fällt mir noch schwer:

____

Name ____________ Datum ____________

Einen Text verändern: Satzglieder

Endlich ist es Sommer! Fiona, Rami und Neo freuen sich. Bald findet das Sportfest der Schule statt. Dazu wird jedes Jahr eine Einladung an die Eltern verschickt. In der Einladung werden die Eltern aufgefordert, das Sportfest zu besuchen und beim Auf- und Abbau der Stationen zu helfen.

Einladung zum Sportfest

Liebe Eltern und Geschwister der Schulkinder,
die Grundschule „Am Hasenbusch" veranstaltet am 24. Juni ein Sportfest.
Wir laden alle Eltern und Geschwister der Schulkinder herzlich dazu ein.
Das Sportfest wird um 15 Uhr auf dem Schulhof eröffnet.
Man kann leckeres Essen und erfrischende Getränke an verschiedenen Ständen kaufen.
Wir freuen uns, wenn ihr zahlreich erscheint.

Herzliche Grüße
die Schulkinder der Grundschule „Am Hasenbusch"

„O Mann!", sagt Fiona zu Rami: „Jedes Jahr die gleiche Einladung mit dem gleichen Text. Das ist doch langweilig."

„Stimmt!", meint Rami: „Vielleicht können wir den Text verändern und die Sätze umstellen?" Diese Idee gefällt auch Neo.
Zusammen probieren die drei aus, wie die Sätze verändert werden können.

Satzglieder

Wenn man die Sätze umstellt, merkt man, dass manche Satzteile zusammenbleiben. Man nennt diese Satzteile **Satzglieder**. Satzglieder können aus einem Wort oder aus mehreren Wörtern bestehen.
Jedes Satzglied hat eine bestimmte Aufgabe.

- Das Subjekt sagt aus, wer im Satz etwas tut. Das Subjekt ist oft ein Nomen oder ein Pronomen.
- Das Prädikat sagt aus, was geschieht oder was das Subjekt tut. Das Prädikat ist immer ein Verb.

Zum Beispiel:

- *Fiona schläft*. Fiona ist das Subjekt, weil sie etwas tut (schläft).
- Das Prädikat ist *schläft* (Was tut Fiona?)

Name ______________________ Datum ______________________

Einen Text verändern: Satzglieder

1. Kannst du Fiona, Neo und Rami helfen? Schreibe die Sätze so oft um, wie es geht.

Unterstreiche in jedem Satz das Subjekt und das Prädikat.

Beispiel:
Die Grundschule „Am Hasenbusch" veranstaltet am 24. Juni ein Sportfest.

Am 24. Juni veranstaltet die Grundschule „Am Hasenbusch" ein Sportfest.

Ein Sportfest veranstaltet die Grundschule „Am Hasenbusch" am 24. Juni.

Die Grundschule „Am Hasenbusch" veranstaltet ein Sportfest am 24. Juni.

Ein Sportfest veranstaltet am 24. Juni die Grundschule „Am Hasenbusch".

Wir laden alle Eltern und Geschwister der Schulkinder herzlich dazu ein.

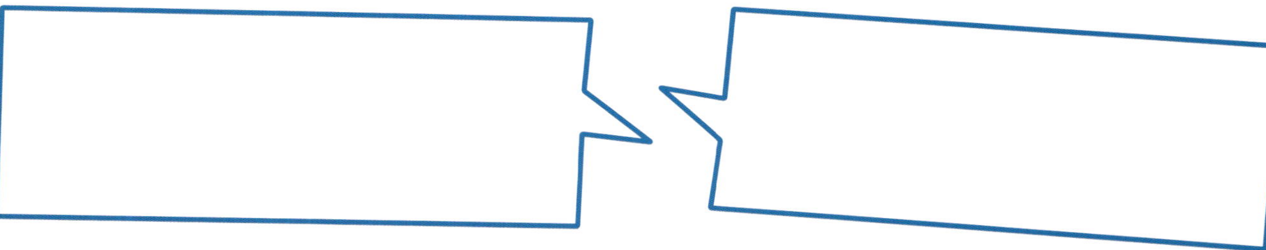

Das Sportfest wird um 15 Uhr auf dem Schulhof eröffnet.

Name ______________________ Datum ______________________

APPELLIEREN – EIN SPORTFEST IM SOMMER

Einen Text verändern: Satzglieder

Man kann leckeres Essen und erfrischende Getränke an verschiedenen Ständen kaufen.

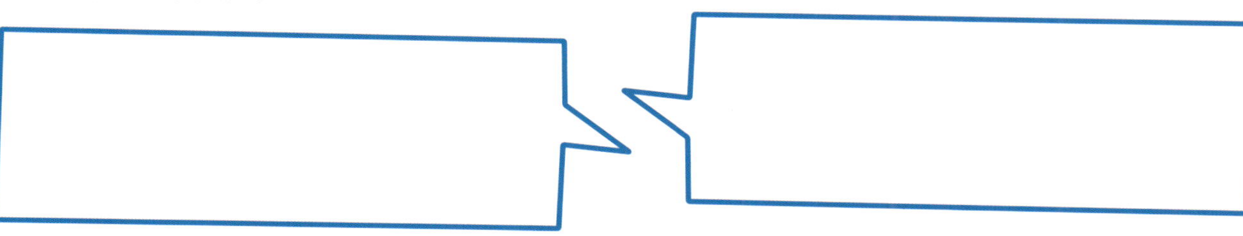

Wir freuen uns, wenn ihr zahlreich erscheint.

2. **„Nun suche ich mir die schönsten Sätze aus und schreibe eine neue Einladung“, sagt Rami.**

Hilf Rami dabei und schreibe die Einladung hier auf:

Einladung zum Sportfest

Liebe Eltern und Geschwister der Schulkinder,

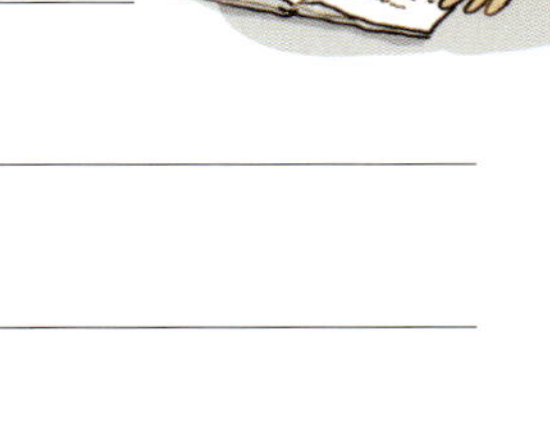

Herzliche Grüße
die Schulkinder der Grundschule „Am Hasenbusch“

Name ______________________ Datum ______________________

APPELLIEREN – EIN SPORTFEST IM SOMMER

Einen Text verändern: Satzglieder

Zufrieden liest Rami seine Einladung vor. Sie gefällt Fiona sehr gut. Sie sagt:

Jetzt habe ich verstanden, was wir im Deutschunterricht über das Subjekt und das Prädikat gelernt haben.
Wenn das Subjekt seinen Platz im Satz mit anderen Satzgliedern tauscht, klingen die Sätze oft viel besser und man kann sich die Informationen besser merken.

Wenn man zum Beispiel das Datum an den Anfang setzt, weiß jeder gleich, wann das Fest ist:
Am 24. Juni veranstaltet die Grundschule „Am Hasenbusch" ein Sportfest.

Wenn man aber das Ereignis an den Anfang setzt, weiß jeder gleich, worum es geht:
Ein Sportfest veranstaltet die Grundschule „Am Hasenbusch" am 24. Juni.

Rami ruft:

Mir ist noch etwas aufgefallen!
Das Prädikat bleibt aber in den meisten Sätzen an der zweiten Stelle!

3. Rami findet es interessant, dass man in Sätzen alle Satzglieder umstellen kann.
Er schließt eine Wette mit Fiona, dass er einen Satz (ohne Fragesätze) sechsmal verändern kann. Kannst du das auch?

Schreibe deine Sätze in die folgende Tabelle.

Satz 1	Der Hase isst morgens gerne Kohlblätter.
Satz 2	Morgens …
Satz 3	
Satz 4	
Satz 5	
Satz 6	

Name ______________________ Datum ______________________

APPELLIEREN – EIN SPORTFEST IM SOMMER

Einen Text verändern: Satzglieder

Sieh mal Fiona! Bei diesen Sätzen ist es auch so, dass man durch das Umstellen etwas besonders betont. Ich nenne dir einmal ein Beispiel:
Morgens isst der Hase gerne Kohlblätter.

So betont man besonders, dass Kohlblätter vom Hasen gerne morgens (und nicht mittags) verspeist werden. Toll, dass man Sätze so oft verändern kann!

Ja, das finde ich auch! Es gibt aber einige Regeln zum Bau von Sätzen:

- Das Prädikat steht in einem Aussagesatz immer an der zweiten Stelle (und ein Teil vom Prädikat oft am Ende).
- Das Subjekt kann vor oder nach dem Prädikat stehen.

Fiona möchte noch mehr Sätze bauen.

4. Der Beispielsatz besteht aus einem Subjekt, einem Prädikat und zwei weiteren Satzgliedern.

Baue unterschiedliche Sätze aus diesen vier Bausteinen. Schreibe die Sätze auf.

Wir

mit dem Auto

in die Berge.

____

____

____

____

Name ____________________ Datum ____________________

Anrede und Verabschiedung

Fiona und Rami schauen sich die Einladung noch einmal an.
„Ich würde den Anfang und das Ende anders schreiben", sagt Fiona. „Du meinst die Anrede und die Verabschiedung?", fragt Rami und fährt dann fort: „Ja, da gibt es viele verschiedene Möglichkeiten."

5. Hilf Fiona und Rami dabei, die verschiedenen Möglichkeiten der Anrede und Verabschiedung zu ordnen.

Schreibe sie in die Tabelle.

Lieber Herr ...

Bis bald!

Sehr geehrte Frau ...

Hey ...

Guten Tag ...

Beste Grüße ...

Hallo ...

Mit freundlichen Grüßen ...

Herzliche Grüße ...

Alles Liebe ...

Möglichkeiten der Anrede	Möglichkeiten der Verabschiedung

Name ______________________ Datum ______________________

Anrede und Verabschiedung

Die Sammlung von Möglichkeiten der Anrede und Verabschiedung gefällt Fiona gut. Sie möchte eine E-Mail an ihre Freundin Josephine schreiben und sucht sich eine Anrede aus der Tabelle aus. Sehr geehrte Josephine, tippt Fiona auf den Bildschirm. Rami muss schmunzeln: „Da wird sich Josephine aber wundern!“

6. Warum muss Rami schmunzeln? Schreibe deine Erklärung auf.

____

____

7. „Oje“, sagt Fiona: „Dann muss ich die Anrede und Verabschiedung in meinen E-Mails noch einmal überprüfen.“ Hilf Fiona dabei. Begründe, ob Anrede und Verabschiedung passen.

Fiona schreibt an ihren Opa:

> Moin Opa,
> wie geht es dir? ...
>
> Hau rein
> Fiona

____

____

____

____

____

____

____

____

____

Fiona schreibt an die Direktorin:

> Hi Frau Neubrech,
> ich würde gerne wissen, ob ...
>
> Tschüssi
> Fiona

____

____

____

____

____

____

____

____

____

Name ______________________ Datum ______________________

APPELLIEREN – EIN SPORTFEST IM SOMMER

Aufbau einer E-Mail

Neos Freundin Alina möchte gerne einen Aufruf zu einer Demonstration starten. Alina setzt sich zu Neo an den Computer. „Das sieht kompliziert aus“, meint sie zu ihrem Freund. Neo lacht: „Das sieht nur so aus. Es funktioniert so ähnlich wie bei einem Brief. Damit deine Nachricht an die richtige Person gesendet werden kann, musst du nur ein paar Dinge beachten.“ Er erklärt Alina das E-Mail-Programm:

„Im oberen Bereich des E-Mail-Programms gibst du die E-Mail-Adresse der Person ein, an die du eine E-Mail senden möchtest. Diese Person empfängt die E-Mail und wird auch der Empfänger genannt. Damit der Empfänger gleich Bescheid weiß, wovon deine E-Mail handelt, gibst du das Thema deiner Nachricht im Betreff an. Damit die Person dir auch antworten kann und weiß, von wem die E-Mail gesendet wurde, benötigt sie deine E-Mail-Adresse. Derjenige, der die E-Mail absendet, wird der Absender genannt.“

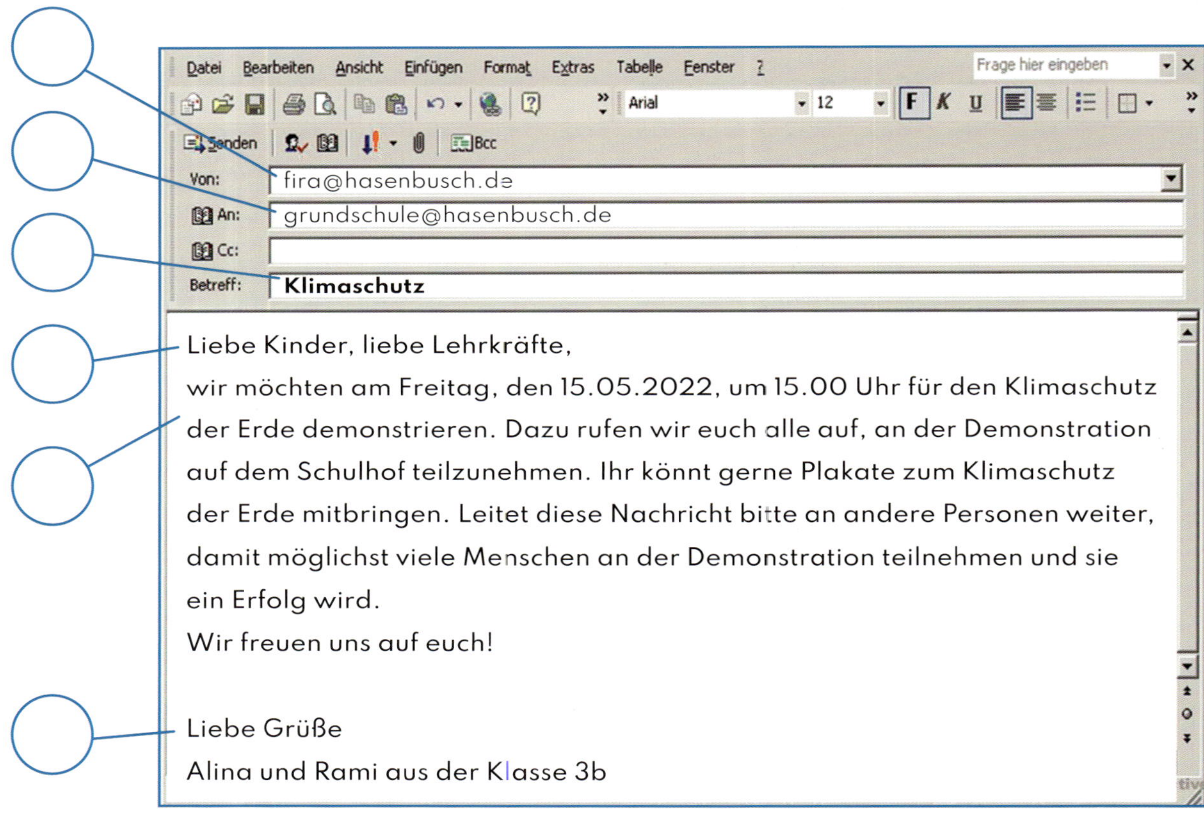

Von: fira@hasenbusch.de
An: grundschule@hasenbusch.de
Cc:
Betreff: **Klimaschutz**

Liebe Kinder, liebe Lehrkräfte,

wir möchten am Freitag, den 15.05.2022, um 15.00 Uhr für den Klimaschutz der Erde demonstrieren. Dazu rufen wir euch alle auf, an der Demonstration auf dem Schulhof teilzunehmen. Ihr könnt gerne Plakate zum Klimaschutz der Erde mitbringen. Leitet diese Nachricht bitte an andere Personen weiter, damit möglichst viele Menschen an der Demonstration teilnehmen und sie ein Erfolg wird.

Wir freuen uns auf euch!

Liebe Grüße
Alina und Rami aus der Klasse 3b

Alina antwortet: „Das sind ja ganz schön viele Informationen, die man erst einmal angeben muss.“ Neo erklärt weiter:
„Das stimmt! Danach kannst du deine Nachricht schreiben.
Zuerst die Begrüßung oder auch Anrede.
Im Hauptteil schreibst du, worum es in deiner Nachricht geht.
Ganz zum Schluss kommen dann die Verabschiedung und dein Name.“

Name ____________________ Datum ____________________

APPELLIEREN – EIN SPORTFEST IM SOMMER

Aufbau einer E-Mail

8. **Trage die Nummern an der passenden Stelle in der E-Mail auf** **Seite 54** **ein.**

① Hauptteil der Nachricht
② Verabschiedung
③ Betreff
④ Anrede / Begrüßung
⑤ Empfänger
⑥ Absender

9. **Alina setzt sich gleich an den Computer und schreibt eine E-Mail. Sie möchte ihrem Fußballtrainer mitteilen, dass sie beim nächsten Fußballturnier mitspielen kann. Was könnte sie geschrieben haben?**

Überlege dir eine passende Anrede, Nachricht und Verabschiedung und schreibe die Information in den Kästchen an die richtige Stelle im E-Mail-Programm.

Tipp: Mache deine E-Mail für die Leserinnen und Leser interessant, indem du die Sätze abwechslungsreich gestaltest. Die Beispiele zu den Satzgliedern aus Aufgabe 1 helfen dir dabei.

alina@bunter-fußballverein.de

trainer@bunter-fußballverein.de

Teilnahme Fußballturnier

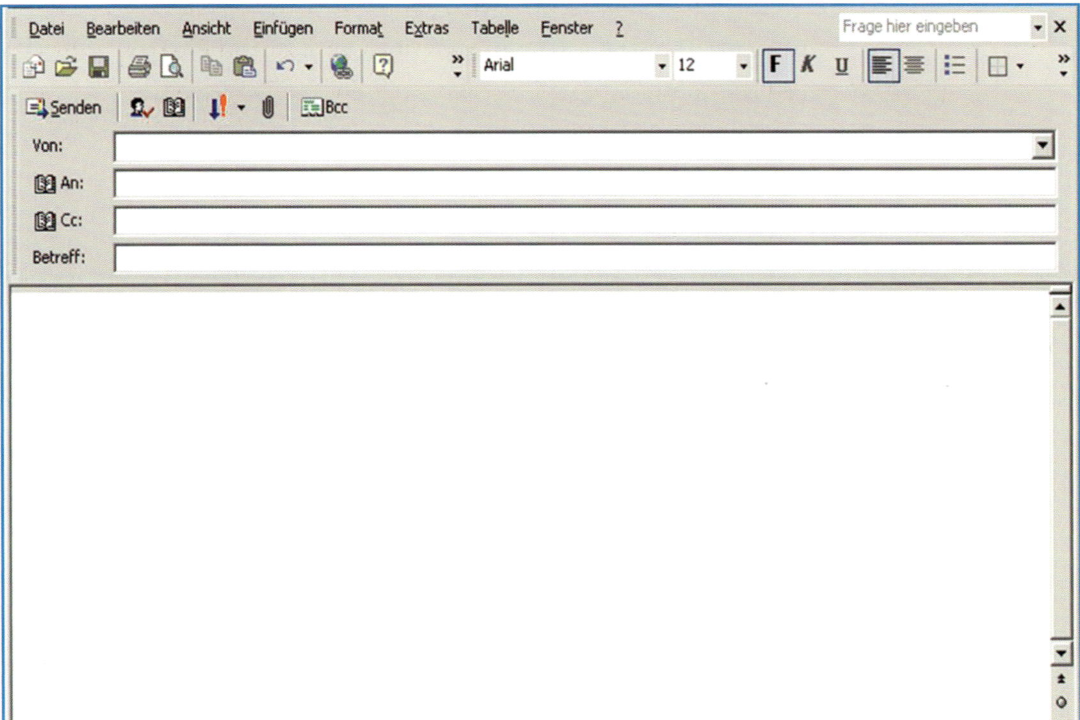

Name ______________________ Datum ______________________

APPELLIEREN – EIN SPORTFEST IM SOMMER

Das habe ich gelernt

Du hast dich mit dem Umstellen von Sätzen beschäftigt.

Schätze ein und kreuze an: 

Wie gut kannst du einen Satz umstellen?

○ noch nicht so gut ○ ein bisschen ○ gut ○ sehr gut

Wie gut weißt du, wofür das Umstellen von Sätzen wichtig ist?

○ noch nicht so gut ○ ein bisschen ○ gut ○ sehr gut

Das hat mir geholfen:

____

Das fällt mir noch schwer:

____

Du hast dich mit Möglichkeiten der Anrede und Verabschiedung beschäftigt.

Schätze ein und kreuze an: 

Wie gut kennst du verschiedene Möglichkeiten der Anrede und Verabschiedung?

○ noch nicht so gut ○ ein bisschen ○ gut ○ sehr gut

Schätze ein und kreuze an: 

Wie gut weißt du, für wen welche Anrede und Verabschiedung geeignet ist?

○ noch nicht so gut ○ ein bisschen ○ gut ○ sehr gut

Das hat mir geholfen:

____

Das fällt mir noch schwer:

____

Name

Datum

Argumente überlegen und zuordnen

Die Grundschule „Am Hasenbusch“ möchte einen Spendenlauf veranstalten. Beim Spendenlauf bekommen die Kinder der Grundschule für jede Runde, die sie auf dem Sportplatz laufen, Geld von ihren Bekannten und Familien. Das Geld, das die Kinder beim Spendenlauf eingenommen haben, wird dann an die Grundschule weitergegeben. Von dem eingenommenen Geld sollen Tablets für die Grundschule gekauft werden. In der Pause überlegen die Kinder der Klasse 3b, wie sie die Tablets im Unterricht am liebsten einsetzen möchten.

Ich möchte im Kunstunterricht mit dem Tablet zeichnen, weil man damit gut zeichnen kann.

Die Arbeit mit dem Tablet im Unterricht ist toll, weil man damit ganz einfach Fotos und Filme machen kann.

Ich würde nur noch mit dem Tablet schreiben wollen, weil ich meine Texte damit viel besser überarbeiten kann.

Mit dem Tablet kann man Texte lesen und Fragen dazu schnell beantworten.

Mit dem Tablet würde ich gerne Matheaufgaben üben, weil es tolle Apps gibt.

1. Wofür würdest du das Tablet im Unterricht am liebsten einsetzen? Schreibe deine Überlegungen auf.

Name ______________________ Datum ______________________

Argumente überlegen und zuordnen

Rami war krank, als die Kinder sich dafür entschieden haben, Tablets von dem Geld zu kaufen. Er hat sich über diese Idee gewundert. Er fragt Fiona: „Was fanden die Kinder denn daran so toll, im Unterricht mit den Tablets zu arbeiten?“ Fiona kann sich noch gut an die Argumente aller Kinder erinnern. Sie möchte Rami darüber berichten:

> Alina ist der Meinung, dass man mit den Tablets gut zeichnen kann.

2. Warum haben die anderen Kinder gerne mit den Tablets gearbeitet?

Schreibe die Sätze zu Ende.

Alina argumentierte, dass die Arbeit mit den Tablets im Unterricht toll ist,

weil ______________________

____

____

Luca möchte im Mathematikunterricht mit dem Tablet arbeiten,

weil ______________________

____

____

Tim meinte, ______________________

____

____

Leni ist der Meinung, dass ______________________

____

____

Name ____________________ Datum ____________________

ARGUMENTIEREN – SCHREIBEN MIT TABLETS

Nebensätze – Konjunktionen

Als Neo sich die Sätze in Aufgabe 2 ansieht, macht er eine Entdeckung:

Guckt mal! In allen Sätzen steht in der Mitte ein Komma. Das Komma trennt zwei große Satzteile voneinander. Sie werden durch das kleine Wort verbunden, das direkt nach dem Komma steht. Dieses Wort heißt **Konjunktion**.
Konjunktionen haben verschiedenen Aufgaben.

Die Konjunktion **„dass"** zeigt, dass der zweite Satz den ersten Satz ergänzt:
Rami weiß nicht, dass der Unterricht morgen ausfällt.

Mit der Konjunktion **„weil"** kannst du einen Grund angeben:
Rami kann nicht kommen, weil er krank ist.

Mit der Konjunktion **„damit"** kannst du einen Zweck angeben:
Fiona nimmt ihr Tablet mit zur Schule, damit sie mit dem Tablet schreiben kann.

Mit der Konjunktion **„wenn"** kannst du eine Bedingung zum Ausdruck bringen:
Der Ausflug findet statt, wenn es nicht regnet.

3. Warum würdest du im Unterricht gerne mit dem Tablet arbeiten?

Schreibe dein Argument auf und verwende dabei eine passende Konjunktion aus dem Kasten.

____

____

____

____

Name ______________________ Datum ______________________

Nebensätze – Konjuntionen

4. Hier sind Sätze durcheinandergeraten.

Verbinde sie und benutze passende Konjunktionen.

Rami schließt sein Tablet über Nacht an die Steckdose …	**weil**	die Klasse 3b die Tablets nicht braucht.
Fiona nimmt das Tablet mit nach Hause …	**damit**	sie das Tablet abends ausmachen soll.
Fionas Mutter sagt ihrer Tochter …	**dass**	es am nächsten Tag geladen ist.
Die Klasse 3a wird im Mathematikunterricht Tablets nutzen …	**wenn**	sie dann die Hausaufgaben fertigstellen kann.

5. Überlege dir drei eigene Sätze, die zu den Konjunktionen passen.

____ ,

weil ____

____ .

____ ,

damit ____

____ .

____ ,

dass ____

____ .

Name ____________________ Datum ____________________

ARGUMENTIEREN – SCHREIBEN MIT TABLETS

Aufbau einer Argumentation

Neo möchte sich ein Tablet aus der Bücherei ausleihen. Dafür muss er seine Eltern um Erlaubnis bitten. Neo überlegt, wie er seine Eltern überzeugen kann. Er bittet Rami um Hilfe.

Wenn du jemanden von deiner Meinung überzeugen möchtest, solltest du diese Schritte beachten:

- Zuerst nennst du deine Behauptung.
  Beispiel: *Tablets sollten im Unterricht eingesetzt werden.*
- Anschließend nennst du die Argumente, die zu deiner Behauptung passen. Mithilfe der Argumente überzeugst du deine Zuhörer von deiner Behauptung. Es ist wichtig, dass du deine Argumente begründest (s. Aufgabe 7).
- Mit einem Schlusssatz beendest du deine Argumentation.
  Beispiel: *Deswegen sollten Tablets im Unterricht eingesetzt werden.*

6. Jetzt soll Neo üben zu argumentieren.

Hilf ihm und überlege dir Argumente, die zu dieser Behauptung passen:

In der Schule sollte es eine längere Frühstückspause geben.

In der Schule sollte es eine längere Frühstückspause geben,

weil ____________________

____

____________________.

In der Schule sollte es eine längere Frühstückspause geben,

weil ____________________

____

____________________.

Deswegen sollte

____

____

____________________.

Name ______________________ Datum ______________________

ARGUMENTIEREN – SCHREIBEN MIT TABLETS

Meinungen formulieren

In Ramis Klasse gibt es seit den Sommerferien ein Whiteboard statt einer Tafel. Fiona findet das toll und wünscht sich auch eins für ihren Klassenraum. Aber Rami hat die alte grüne Tafel viel besser gefallen. Er sagt: „Ich finde eine Tafel besser, weil man sie zuklappen kann. Dann sieht niemand, was darin geschrieben oder gemalt ist.“ Fiona möchte Rami gerne überzeugen, dass ein Whiteboard viel praktischer ist. Sie hat aber nur ein Argument.

7. Hilf Fiona und überlege dir noch weitere Argumente. Verwende Sätze mit der Konjunktion „weil“.

In unserer Klasse sollte es ein Whiteboard geben, *weil* Whiteboards viel cooler sind.

____

____

____

____

____

____

____

____

Name ____________________ Datum ____________________

Meinungen formulieren

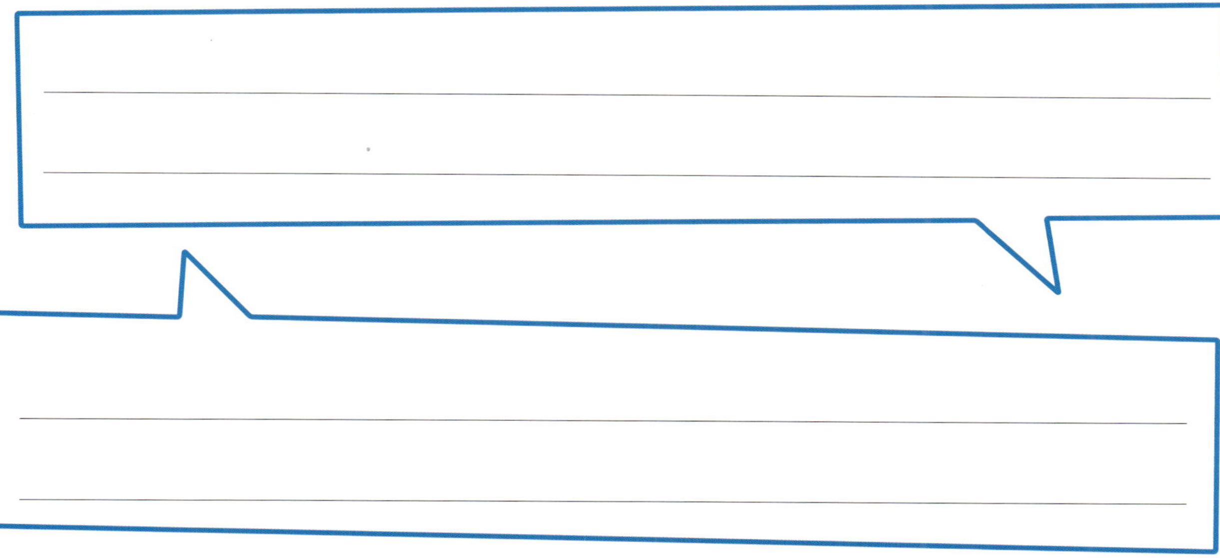

8. **Lies dir das Argument von Fiona in der Aufgabe 7 noch einmal durch. Warum ist Fionas Argument nicht so überzeugend?**

Begründe deine Meinung.

9. **Sind deine Argumente besser als das Argument von Fiona?**

Warum?

Name ______________________ Datum ______________________

Meinungen formulieren

10. Lies den Text.

Nach der Schule kommt Rami nach Hause. Er telefoniert mit seiner Freundin Anna. Als sie nach seinem Tag in der Schule fragt, berichtet Rami ihr von seiner Diskussion mit Fiona über die Whiteboards. Er zählt alle Argumente auf, die Fiona genannt hat und wirkt dabei traurig. Anna fragt ihn deshalb: „Was ist los mit dir?“ Rami erzählt ihr, warum er so bedrückt ist: „Ich bin traurig, weil ich Fiona gar nicht meine Argumente gegen Whiteboards in der Schule nennen konnte. Jedes Mal, wenn ich ihr ein Argument nennen wollte, hat sie mich einfach unterbrochen und weitergeredet.“ Anna kann Rami gut verstehen. Sie war auch schon einmal traurig, weil ihre beste Freundin Selin bei einem Streit nicht mehr zugehört hat, indem sie sich einfach die Ohren zugehalten hat. So konnten die beiden Freudinnen ihren Streit überhaupt nicht klären. Anna macht Rami einen Vorschlag: „Ich habe da eine Idee! Ihr braucht einfach klare Regeln für den Austausch eurer Argumente. Warum fragst du nicht eure Lehrerin, ob ihr ein Plakat mit Regeln für eure Diskussion erstellt?“

11. Markiere zunächst alle „weil-Konjunktionen“ im Text. Beachte anschließend beim Beantworten der Fragen deine Markierungen im Text.

Warum ist Rami traurig?

____

____

____

Warum war seine Freundin Anna auch schon einmal traurig?

____

____

____

Die Konjunktion „weil“

Die Konjunktion „weil“ ist ein wichtiges Signalwort, um Gründe zu erfahren, warum etwas passiert ist. Immer wenn eine Frage mit dem Fragewort **„Warum“** gestellt wird, wird nach einem Grund gefragt.

Name ______________________ Datum ______________________

Meinungen formulieren

12. Lies dir die Regeln für den Austausch von Argumenten durch.

Streiche die Regeln durch, die nicht zu einer fairen Diskussion passen.

Ich beschimpfe meine Gesprächspartner, wenn ich nicht ihrer Meinung bin.

Ich trage meine Meinung einfach vor, ohne zu erklären, warum ich für oder gegen etwas bin.

Beim Zuhören schaue ich der Person, die spricht, in die Augen.

Wenn ich etwas nicht verstanden habe, warte ich auf eine Gesprächspause und stelle dann meine Frage.

Beim Zuhören schaue ich durch die Gegend.

Wenn ich etwas nicht verstanden habe, rede ich jederzeit einfach rein.

Ich behandele meine Gesprächspartner höflich und mit Respekt, auch wenn ich nicht ihrer Meinung bin.

Wenn ich meine Meinung vortrage, nutze ich mindestens eine Begründung. Dann können meine Gesprächspartner verstehen, warum ich für oder gegen etwas bin.

Name ______________________ Datum ______________________

ARGUMENTIEREN – SCHREIBEN MIT TABLETS

Das habe ich gelernt

Du hast dich mit der Textsorte Argumentation beschäftigt.

Schätze ein und kreuze an: X

Wie gut kennst du dich mit dem Aufbau einer Argumentation aus?

○ noch nicht so gut ○ ein bisschen ○ gut ○ sehr gut

Wie gut weißt du, welche unterschiedlichen Konjunktionen du bei deiner Argumentation verwenden kannst?

○ noch nicht so gut ○ ein bisschen ○ gut ○ sehr gut

Das hat mir geholfen:

____

Das fällt mir noch schwer:

____

Du hast gelernt, wie man auf Warum-Fragen antworten kann.

Schätze ein und kreuze an: X

Wie gut kannst du einen Satz mit *weil* schreiben?

○ noch nicht so gut ○ ein bisschen ○ gut ○ sehr gut

Schätze ein und kreuze an: X

Wie gut kannst du deine Meinung begründen?

○ noch nicht so gut ○ ein bisschen ○ gut ○ sehr gut

Das hat mir geholfen:

____

Das fällt mir noch schwer:

____

Wörterverzeichnis

abbilden (abgebildet)
Wenn etwas *abgebildet* ist, dann ist es auf einem Bild zu sehen. Zum Beispiel können Tiere auf einem Bild abgebildet sein. Du kannst auch selber etwas abbilden, indem du ein Bild erstellst.

abgeknickt
Du kannst zum Beispiel die Ecke von einem Papier *abknicken*. Wenn das Ohr von Tapsi abgeknickt ist, dann hängt das Ohr hinunter.

abwechslungsreich
Abwechslungsreich bedeutet, dass etwas immer verschieden ist. Wenn du Satzanfänge abwechslungsreich gestaltest, dann benutzt du immer verschiedene Wörter und beginnst den Satz nicht immer gleich.

Akrobat, der (Plural: die Akrobaten)
Ein *Akrobat* ist jemand, der im Zirkus arbeitet. Ein Akrobat führt Kunststücke vor und läuft zum Beispiel hoch oben auf einem dünnen Seil.

Argument, das (Plural: die Argumente)
Ein *Argument* ist eine Begründung, warum du für oder gegen etwas bist. Du kannst mit einem Argument auf die Frage *Warum?* antworten und einen Grund angeben.

aufgefordert
Aufgefordert kommt von auffordern. Auffordern bedeutet, jemanden bitten etwas zu tun. Du kannst deine Freundin zum Beispiel auffordern, sich die Schuhe im Haus auszuziehen.

aufgeschriebene Vergangenheit, die
Man nennt die Zeitform Präteritum *aufgeschriebene Vergangenheit,* weil man das Präteritum benutzt, um Geschichten über Vergangenes zu schreiben, zum Beispiel Märchen.

Aufruf, der (Plural: die Aufrufe)
Ein *Aufruf* ist eine Aufforderung, bei etwas mitzumachen, zum Beispiel bei einer Demonstration.

auftreten
Auftreten bedeutet auf einer Bühne etwas zu zeigen, zum Beispiel etwas vorzusingen, vorzutanzen oder in einem Theaterstück vorzuspielen.

ausbüxen (ausgebüxt)
Ein anderes Wort für „weglaufen".

ausgehen (ausgegangen)
Ausgehen hat zwei Bedeutungen:
1. Es bedeutet zu Ende gehen. Wenn man wissen möchte, wie ein Ereignis oder eine Geschichte ausgegangen ist, möchte man wissen, wie sie zu Ende gegangen ist, also was am Ende passiert ist.
2. Andererseits bedeutet ausgehen etwas zu unternehmen. Wenn die Eltern zum Beispiel zusammen ins Kino gehen oder in ein Restaurant, dann gehen sie aus.

Aussehen, das
Wenn du das *Aussehen* einer Person beschreibst, dann beschreibst du die Dinge an einer Person, die du sehen kannst. Du sagst also zum Beispiel etwas über ihre Haarfarbe, ihr Gesicht oder ihre Größe.

Backpulver, das
Backpulver ist ein weißes Pulver, das man oft zum Backen benutzt. Es sieht fast so aus wie Mehl. Durch das Backpulver wird der Kuchen größer und lockerer.

beachten
Wenn du etwas *beachtest*, dann lenkst du deine Aufmerksamkeit auf etwas. Du passt gut auf. Beim Fahrradfahren musst du zum Beispiel die Straßenschilder beachten.

Behauptung, die
(Plural: die Behauptungen)
Wenn du etwas sagst, ohne dafür einen Beweis zu haben, ist das eine *Behauptung*.

bestehen aus
Aus etwas bestehen bedeutet, aus etwas zusammengesetzt sein.
Zum Beispiel besteht ein Bauklotzturm aus mehreren Bauklötzen.

beteiligen (beteiligt)
Wenn du bei etwas mitgemacht hast oder dabei warst, dann warst du daran *beteiligt*.

Betreff, der
Ein anderes Wort für Grund oder Thema.
In einem Brief oder einer E-Mail kannst du zum Beispiel den Grund oder das Thema, also den *Betreff*, in eine spezielle Zeile schreiben.

bissfest
Wenn Nudeln *bissfest* sind, dann sind sie gar gekocht, aber noch nicht ganz weich.

Demonstration, die
(Plural: die Demonstrationen)
Bei einer *Demonstration* kommen viele Menschen zusammen und wollen zeigen, dass sich etwas verändern soll.
Dazu basteln sie zum Beispiel Plakate und gehen gemeinsam durch die Stadt.

diktieren
Wenn du etwas *diktierst*, dann sagst du etwas so langsam und deutlich, dass jemand anderes es aufschreiben kann.

Diskussion, die
(Plural: die Diskussionen)
Bei einer *Diskussion* sagen verschiedene Personen ihre Meinung zu einem Thema und nennen Gründe für ihre Meinung.
Oft diskutiert man, um ein Problem zu lösen oder eine Entscheidung zu treffen.

Du-Form, die
Wenn du jemanden mit *du* und nicht mit *Sie* ansprichst, dann benutzt du die *Du-Form*.

Einbruch, der
(Plural: die Einbrüche)
Bei einem *Einbruch* geht jemand heimlich in ein Haus und stiehlt Dinge.

einfallen (fallen ein)
Einfallen bedeutet auf eine Idee kommen oder sich an etwas erinnern.
Wenn dir etwas einfällt, dann hast du eine Idee.

einnehmen (eingenommen)
Wenn du Geld verdient hast, dann hast du Geld *eingenommen*. Wenn du altes Spielzeug auf dem Flohmarkt verkaufst, nimmst du durch den Verkauf Geld ein.

Empfänger, der
(Plural: die Empfänger)
Derjenige, der eine Nachricht erhält, ist der *Empfänger* der Nachricht.

entdecken (entdeckt)
Ein anderes Wort für *herausfinden*.

entlaufen
Wenn ein Hund von zu Hause weggelaufen ist, dann ist er *entlaufen*.

entstehen (entstand)
Wenn an einem Auto ein Schaden *entstanden ist*, dann heißt das, dass das Auto kaputt gegangen ist.

enttäuscht
Wenn du dir etwas viel schöner vorgestellt hast als es wirklich ist, dann bist du *enttäuscht*.

Ereignis, das (Plural: die Ereignisse)
Wenn etwas Besonderes passiert ist, dann ist das ein *Ereignis*.
Dein Geburtstag ist zum Beispiel ein wichtiges Ereignis im Jahr.

erfahren (erfährst)
Erfahren bedeutet, Informationen über etwas bekommen. Beispielsweise kannst du erfahren, warum etwas passiert ist.

erkalten (erkaltet)
Wenn etwas *erkaltet*, dann kühlt es ab.
Es wird kalt und ist nicht mehr heiß.

erlauben
Wenn dir etwas *erlaubt wird*, dann darfst du es tun.

erleben
Wenn du zum Beispiel im Zirkus warst, dann hast du etwas *erlebt*. Du warst dabei und weißt, was dort passiert ist.

erwärmen (erwärme)
Erwärmen bedeutet warm machen. Wenn du also zum Beispiel die Butter in der Pfanne auf den Herd stellst und den Herd anmachst, dann erwärmst du die Butter.

erwidern (erwidert)
Ein anderes Wort für *antworten*.

Fähigkeit, die (Plural: die Fähigkeiten)
Deine *Fähigkeiten* sind die Dinge, die du besonders gut kannst.

fair
Das Wort *fair* bedeutet gerecht.

Farbadjektiv, das (Plural: die Farbadjektive)
Farbadjektive sind Wie-Wörter, die beschreiben, welche Farbe etwas hat.

Farbmuster, das (Plural: die Farbmuster)
Wenn auf deinem Pullover verschiedene Farben sind, dann hat er ein *Farbmuster*.

Farbschattierung, die (Plural: die Farbschattierungen)
Viele Farben können hell oder dunkel sein. Man nennt diese Unterschiede *Farbschattierungen*. Es gibt zum Beispiel dunkelblau oder hellgrün.

fertigstellen
Wenn du etwas *fertigstellst*, dann bringst du es zu Ende. Du kannst zum Beispiel ein Plakat fertigstellen.

gar
Das Wort *gar* bedeutet fertig. Wenn die Spaghetti gar sind, dann bedeutet das, dass sie fertig sind und man sie essen kann.

Gehweg, der (Plural: die Gehwege)
Der Teil der Straße, auf dem die Fußgänger gehen dürfen. Ein anderes Wort für *Gehweg* ist Bürgersteig oder Fußgängerweg.

geladen
Wenn zum Beispiel das Tablet *geladen* ist, dann ist seine Batterie voll.

geschehen (geschieht)
Geschehen ist ein anderes Wort für passieren.

geschmolzen
Wenn du Schokolade in einem Topf auf die Herdplatte stellst und warm machst, dann wird sie flüssig. Sie ist dann im Topf *geschmolzen*.

Gesprächspause, die (Plural: die Gesprächspausen)
Wenn man im Gespräch aufhört zu sprechen, dann entsteht eine *Gesprächspause*.

Grundform, die (Plural: die Grundformen)
Verben haben eine *Grundform*, zum Beispiel lachen, essen, spielen. In seiner Grundform endet ein Verb immer auf -en.

Hauptrolle, die (Plural; die Hauptrollen)
Wenn jemand oder etwas eine *Hauptrolle* spielt, dann ist die Person oder die Sache besonders wichtig.

herzförmig
Wenn etwas aussieht wie ein Herz, dann ist es *herzförmig*.

Hitze, die
Wenn etwas extrem warm ist, dann sprichst du von *Hitze*.
Wenn du die Herdplatte auf *kleine Hitze* stellst, wird sie nur ein bisschen warm.

in der Regel
Statt *in der Regel* kann man auch *normalerweise* (üblicherweise) sagen.

jederzeit
Jederzeit bedeutet *immer*.

kam mit dem Schrecken davon
Wenn jemand *mit dem Schrecken davonkam*, dann ist ihm zum Beispiel bei einem Unfall nichts Schlimmes passiert und er hat sich nur sehr erschrocken.

Klimaschutz, der
Unter *Klimaschutz* versteht man alles, was Menschen tun, um die Umwelt und die Natur zu schützen.

kompliziert
Ein anderes Wort für *schwierig*.

Manege, die
(Plural: die Manegen)
Die *Manege* ist die Bühne im Zirkus.

markieren (markiert)
Du kannst Wörter *markieren*, indem du sie mit einem Stift anmalst oder unterstreichst.

Merkmal, das
(Plural: die Merkmale)
Ein *Merkmal* ist etwas Besonders, zum Beispiel die Augenfarbe.

möglichst
Möglichst bedeutet so gut wie möglich.
Im Unterricht solltest du beispielsweise möglichst aufpassen, um nichts Interessantes zu verpassen.

nachlesen
Nachlesen bedeutet, etwas noch einmal zu lesen, um zu überprüfen, ob man sich richtig erinnert hat.

naheliegend
Ein Bauernhof kann in der Nähe eines Waldes sein. Der Wald ist dann *naheliegend* zum Bauernhof. Der Weg vom Bauernhof zum Wald ist nicht so weit.

ordnen
Du *ordnest* etwas, wenn du es in eine richtige Reihenfolge bringst.

präzise auszudrücken
Wenn du dich *präzise ausdrücken* sollst, dann sollst du etwas ganz genau und richtig sagen. Zum Beispiel kannst du präzise beschreiben, wie jemand geht: Schleicht oder läuft die Person?

Prise, die
(Plural: die Prisen)
Eine *Prise* Salz ist ein ganz kleines bisschen Salz. So viel Salz, wie man zwischen Daumen und Zeigefinger nehmen kann.

Reihenfolge, die
(Plural: die Reihenfolgen)
Wenn Dinge hintereinanderstehen oder passieren, haben diese Dinge eine bestimmte Abfolge, Ordnung oder auch *Reihenfolge*.

Rentner, der
(Plural: die Rentner)
Ein *Rentner* ist jemand, der nicht mehr arbeiten gehen muss, weil er lange genug gearbeitet hat. Ein Rentner bekommt jeden Monat Geld, das nennt man Rente.

Respekt, der
Jemanden mit *Respekt* zu behandeln bedeutet, freundlich zu sein, ihn nicht zu beleidigen oder ihn zum Beispiel ausreden zu lassen.

Rezept, das
(Plural: die Rezepte)
Ein *Rezept* ist eine Beschreibung zum Kochen. In diesem Rezept von Fiona steht, wie man Spaghetti (eine bestimmte Art von Nudeln) mit einer Carbonara-Soße macht. Carbonara ist eine weiße Soße mit Sahne, Käse, Eiern und Schinken.

Sachschaden, der
(Plural: die Sachschäden)
Wenn zum Beispiel bei einem Unfall ein Auto kaputt gegangen ist, dann entstand bei diesem Auto ein *Sachschaden*. Diese Art von Schaden nennt man auch Sachschaden, weil an einer Sache, nämlich dem Auto, etwas kaputt gegangen ist.

scharf bremsen
Wenn jemand *scharf bremst*, dann bremst er plötzlich und sehr stark.

schildern
Wenn du ein Ereignis *schilderst*, dann stellst du genau dar, wie etwas gewesen ist oder passiert ist.

schmunzeln
Wenn du *schmunzelst*, dann ist das ein bisschen wie lächeln oder grinsen.

Schöpflöffel, der
(Plural: die Schöpflöffel)
Man sagt auch *Kelle* dazu. Du kannst mit einem *Schöpflöffel* Suppe aus einem Topf schöpfen.

servieren
Servieren bedeutet Essen auf den Tisch zu stellen, wenn es fertig ist.

sich ereignen
Wenn sich etwas ereignet, dann passiert es. Ein Unfall kann *sich* zum Beispiel *ereignen*.

sortieren
Wenn du etwas *sortierst*, dann ordnest du es und legst es in eine bestimmte Reihenfolge.

Spendenlauf, der
(Plural: die Spendenläufe)
Bei einem *Spendenlauf* laufen Kinder viele Runden und sammeln für jede gelaufene Runde Geld von ihren Eltern oder anderen Erwachsenen ein. Dieses Geld wird dann von der Schule eingesammelt und an Vereine weitergegeben. Die Vereine helfen mit diesem Geld anderen Menschen oder Tieren.

Station, die
(Plural: die Stationen)
Eine *Station* ist eine Stelle, zu der du gehen kannst und an der du etwas sehen oder tun kannst. An einer Sportstation kannst du verschiedene Sportarten machen.

stattfinden
Wenn etwas *stattfindet*, dann passiert es.

stocken
Wenn du Eier ganz langsam warm machst, werden sie irgendwann fest. Das heißt „die Eier *stocken*".

Tätigkeiten ausführen
Wenn du eine *Tätigkeit* ausführst, tust du etwas.

überzeugen
Wenn Neo seine Eltern *überzeugen* möchte, dann redet er mit ihnen und erklärt ihnen ganz genau, was er möchte und warum. Wenn die Eltern „ja" sagen, hat er sie überzeugt.

überziehen
Überziehen bedeutet bedecken. Wenn du einen Kuchen oder Muffins mit Schokolade überziehst, dann machst du geschmolzene Schokolade auf den Kuchen.

umschreiben
Umschreiben heißt etwas anders ausdrücken. Wenn Fiona und Neo keine Zeit haben, das Rezept umzuschreiben, dann heißt das, dass sie keine Zeit haben, es in einer anderen Reihenfolge abzuschreiben.

umstellen
Einen Satz *umstellen* bedeutet, die Wörter des Satzes in eine andere Reihenfolge zu bringen.

unübersichtlich
Unübersichtlich bedeutet, dass etwas durcheinander und verwirrend ist.

Vergangenes
Vergangenes ist das, was schon passiert ist. Zum Beispiel ist dein erster Geburtstag schon lange vergangen.

Vermutung, die (Plural: die Vermutungen)
Eine *Vermutung* ist eine Annahme. Eine Vermutung haben bedeutet, eine Ahnung von etwas haben, es aber nicht genau zu wissen.

verschicken (verschickt)
Ein anderes Wort für *senden*. Wenn du eine Einladung *verschickst*, dann sendest du die Einladung zum Beispiel als E-Mail oder mit der Post.

verunsichert
Wenn du *verunsichert* bist, bist du dir bei etwas nicht sicher. Wenn du zum Beispiel *verunsichert* bist, was ein Wort ganz genau bedeutet, kannst du in einem Wörterbuch nachschlagen.

verursachen
Verursachen bedeutet die Ursache, also der Grund für etwas zu sein. Wenn die Ente den Unfall verursacht, dann ist sie der Grund, weshalb der Unfall passiert ist.

vervollständigen
Das Wort *vervollständigen* bedeutet, etwas vollständig machen, also hinzufügen, was noch fehlt.

verwenden
Ein anderes Wort für *benutzen*.

Vorführung, die (Plural: die Vorführungen)
Eine *Vorführung* ist eine Aufführung. Das heißt jemand zeigt etwas, das er kann und andere schauen dabei zu.

vorheizen (heizt vor)
Wenn du den Backofen *vorheizt*, dann machst du ihn kurze Zeit bevor du ihn benutzt schon an. Der Backofen ist dann schon richtig warm, wenn du die Muffins oder die Pizza hineinschiebst.

vorschalten
Ein anderes Wort für davor machen (davor tun). Wenn du ein Wortbauteil *vorschaltest*, dann machst du es davor.

vorstellen (vorzustellen)
Wenn man sich etwas *vorstellt*, dann kann man es in seinem Kopf sehen und daran denken.

wiederherstellen (wiederherzustellen)
Wenn du etwas *wiederherstellst*, dann machst du es so, wie es vorher war.

zahm
Wenn ein Tier *zahm* ist, dann bedeutet das, dass es Menschen gut kennt und ihnen vertraut. Es lässt sich zum Beispiel streicheln und hat keine Angst vor Menschen.

zerlegen (zerlege)
Wenn du etwas *zerlegst*, dann machst du es auseinander. Du zerlegst es in Teile.

Zimt, der
Zimt ist ein Gewürz.

zusätzlich (zusätzliche)
Das Wort *zusätzlich* bedeutet *mehr* oder *auch*. Wenn du zusätzlich zusammengesetzte Adjektive benutzen darfst, dann darfst du sie *auch* benutzen.

Zweck, der (Plural: die Zwecke)
Zweck ist ein anderes Wort für *Grund*. Ein Regenschirm erfüllt den *Zweck*, dich vor Regen zu schützen. Aus diesem Grund nimmst du ihn mit.